ISBN 978-3-7432-0723-3
1. Auflage 2021
© 2021 Loewe Verlag GmbH, Bindlach
Umschlag- und Innenillustration: Sandra Kissling
Vignetten Leselöwe: Angelika Stubner
Umschlaggestaltung: Kathrin Tobian
Umschlagfoto: © Cherries/Shutterstock.com
Redaktion: Svenja Wulff
Printed in the EU

www.leseloewen.de
www.loewe-verlag.de

Inhalt

A	6		N	83
B	11		O	88
C	24		P	90
D	26		Q	96
E	31		R	98
F	38		S	103
G	46		T	118
H	51		U	123
I	58		V	127
J	62		W	129
K	64		X	136
L	72		Y	137
M	78		Z	138

Themenseiten

Im Dschungel	14
Auf dem Flohmarkt	22
Im Freizeitpark	32
Auf dem Fußballplatz	42
Das Jahr	52
Im Meer	60
Auf Safari	68
In der Schule	76
Im Schwimmbad	84
In der Stadt	94
Die Übernachtungsparty	104
Im Urlaub	114
Im Wald	124
Im Weltraum	134
Im Zoo	142

So schlägst du Wörter nach

In diesem Buch findest du über 1.500 Wörter der deutschen Sprache. Das ist ganz schön viel! Damit du genau das Wort findest, das du suchst, haben wir alle Wörter von A bis Z für dich sortiert.

Alle Wörter auf einer Seite beginnen mit dem gleichen Buchstaben. Zu den meisten Buchstaben gibt es mehrere Seiten. Oben in der Mitte der Seite steht der Buchstabe, mit dem die Wörter auf dieser Seite beginnen.

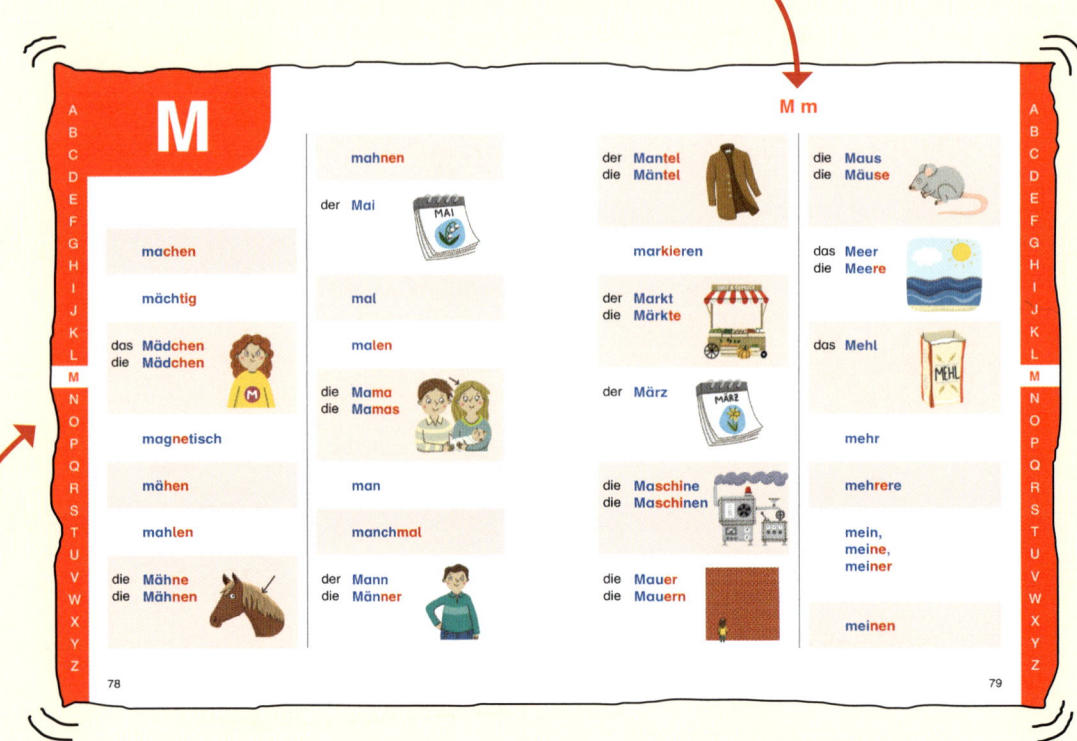

Die ABC-Leiste an den Seitenrändern hilft dir, den richtigen Buchstaben zu finden.

Achte also bei der Suche nach Wörtern zuerst auf den Anfangsbuchstaben deines Wortes.

Auf dieser Seite findest du Wörter mit dem Anfangsbuchstaben K. Entdeckst du hier das Wort **kennen**?
Kleiner Tipp: Schau dir mal den zweiten Buchstaben des Wortes an!

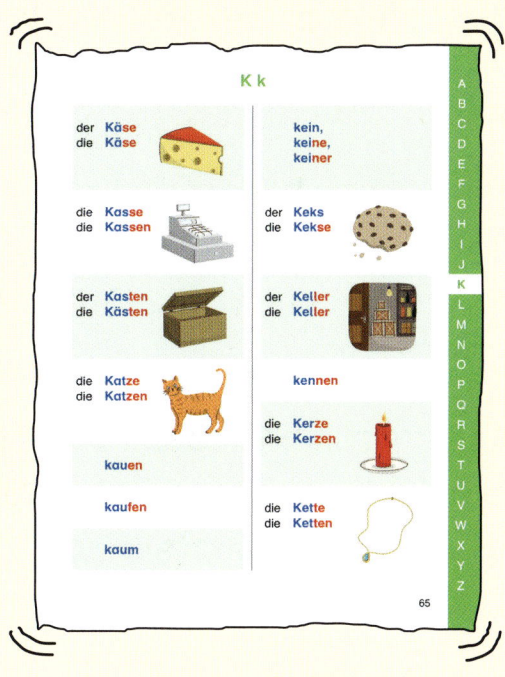

Hast du es gefunden? Super! Dir ist bestimmt aufgefallen, dass das Wort zwei Farben hat. Damit sind die Sprechsilben markiert. So wird das Wort in kleine Gruppen aufgeteilt, die das Lesen leichter machen.

kennen

Bei allen Nomen (Namenwörtern) sind die Einzahl und die Mehrzahl angegeben.

Vor jedem Nomen steht auch der Artikel (Begleiter).

Es gibt über das ganze Buch verteilt außerdem 15 Doppelseiten zu spannenden Themen. Auf den Bildern findest du ganz viele Dinge, die zu dem jeweiligen Themenfeld passen. Vielleicht fallen dir ja auch noch mehr Wörter ein?

Viel Spaß mit deinem neuen Wörterbuch!

A

ab

der Abend
die Abende

abends

aber

acht

die Achterbahn
die Achterbahnen

achtzig

der Acker
die Äcker

der Affe
die Affen

ahnen

ähnlich

der Alarm
die Alarme

alle

allein, alleine

alles

A a

als

also

alt

am

die **A**m**ei**se
die **A**m**ei**sen

die **A**m**p**el
die **A**m**p**eln

an

die **A**nanas
die **A**nana**ss**e

an**d**ere,
an**d**erer,
an**d**eres

än**d**ern

an**d**ers

an**f**angen

an**f**a**ss**en

an**g**eben

die **A**ngst
die **Ä**ngst**e**

ängst**lich**

an**kom**men

A a

anlehnen

anmalen

anrufen

anstrengen

anstrengend

antworten

anziehen

der Apfel
die Äpfel

der April

das Aquarium
die Aquarien

die Arbeit
die Arbeiten

arbeiten

der Ärger

ärgerlich

ärgern

der Arm
die Arme

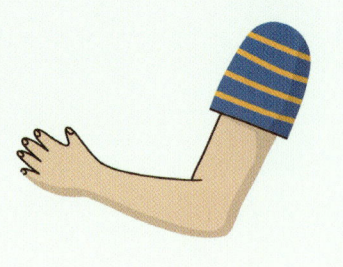

A a

arm

artig

der **Arzt**
die **Ärztin**
die **Ärzte**
die **Ärztinnen**

der **Ast**
die **Äste**

der **Astronaut**
die **Astronautin**
die **Astronauten**
die **Astronautinnen**

atmen

auch

auf

die **Aufgabe**
die **Aufgaben**

aufgeregt

aufhören

aufpassen

aufräumen

aufstehen

aufwachen

aufwecken

das **Auge**
die **Augen**

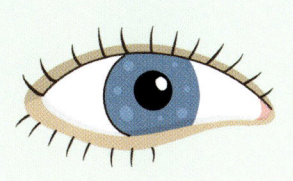

A a

der **August**

aus

auseinander

ausleihen

aussehen

außen

außer

außerdem

auswendig

ausziehen

das **Auto**
die **Autos**

B

das **Baby**
die **Babys**

der **Bach**
die **Bäche**

backen

der **Bäcker**
die **Bäckerin**
die **Bäcker**
die **Bäckerinnen**

das **Bad**
die **Bäder**

der **Badeanzug**

die **Badehose**
die **Badehosen**

baden

der **Bagger**
die **Bagger**

die **Bahn**
die **Bahnen**

der **Bahnhof**
die **Bahnhöfe**

B b

bald

der **Ball**
die **Bälle**

die **Ballerina**
die **Ballerinen**

das **Ballett**
die **Ballette**

die **Banane**
die **Bananen**

die **Bank**
die **Bänke**

der **Bär**
die **Bären**

barfuß

basteln

der **Bauch**
die **Bäuche**
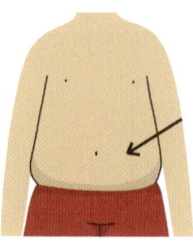

bauen

der **Bauer**
die **Bäuerin**
die **Bauern**
die **Bäuerinnen**

der **Baum**
die **Bäume**

12

B b

bedeuten

das Beet
die Beete

befehlen

begegnen

beginnen

behalten

bei

beide

das Bein
die Beine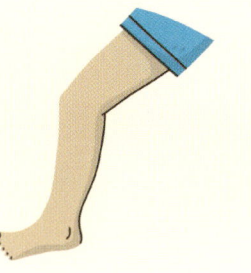

beinahe

das Beispiel
die Beispiele

beißen

bekannt

bekommen

beleidigen

bellen

belohnen

bemerken

beobachten

Im Dschungel

B b

bequem

bereit

bereits

der Berg
die Berge

berichten

berühmt

besonders

besser

beste,
bester,
bestes

bestimmt

besuchen

beten

betrachten

das Bett
die Betten

beugen

bevor

bewegen

beweisen

bezahlen

B b

der **Biber**
die **Biber**

biegen

die **Biene**
die **Bienen**

der **Bikini**
die **Bikinis**

das **Bild**
die **Bilder**

billig

binden

die **Birne**
die **Birnen**

bis

bisher

bisschen

bitte

bitten

bitter

blasen

das **Blatt**
die **Blätter**

B b

blau

bleiben

blicken

blind

blinken

der Blitz
die Blitze

blitzen

blöd

bloß

blühen

die Blume
die Blumen

das Blut

die Blüte
die Blüten

bluten

blutig

der Boden
die Böden

bohren

B b

das **Boot**
die **Boote**

böse

boxen

der **Brand**
die **Brände**

brauchen

braun

brav

brechen

breit

die **Bremse**
die **Bremsen**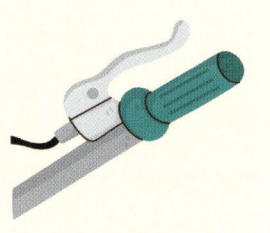

bremsen

brennen

die **Brezel**
die **Brezeln**

der **Brief**
die **Briefe**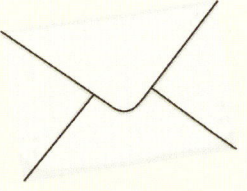

die **Brille**
die **Brillen**

bringen

B b

brodeln

das Brot
die Brote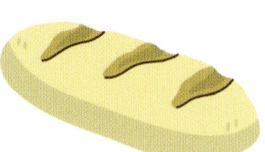

das Brötchen
die Brötchen

die Brücke
die Brücken

der Bruder
die Brüder

brüllen

brummen

der Brunnen
die Brunnen

das Buch
die Bücher

der Buchstabe
die Buchstaben

bücken

bummeln

bunt

die Burg
die Burgen

B b

bürsten

der **Bus**
die **Busse**

der **Busch**
die **Büsche**

die **Butter**

Auf dem Flohmarkt

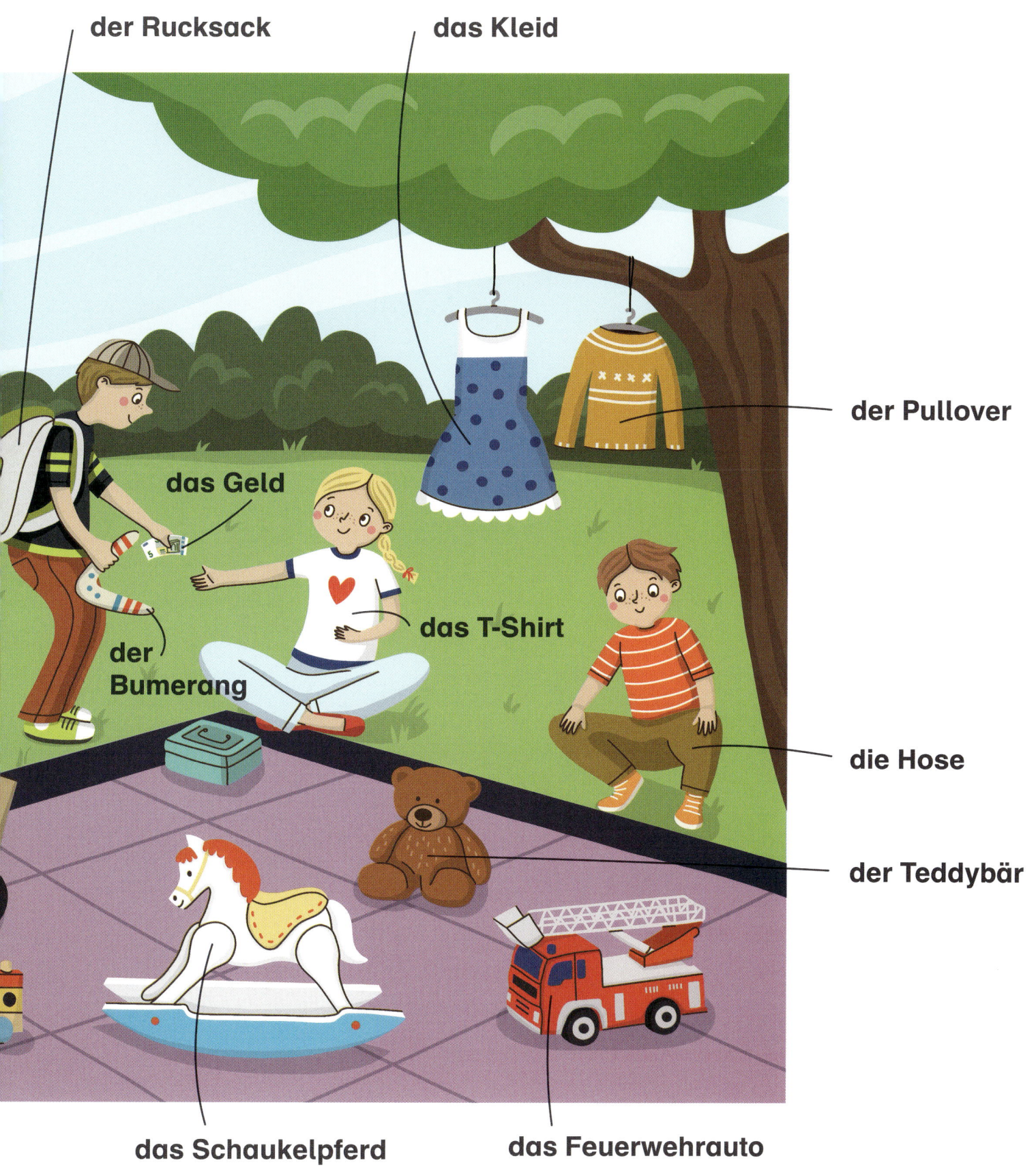

C

das **Cabrio**
die **Cabrios**

das **Café**
die **Cafés**

campen

die **CD**
die **CDs**

das **Cello**
die **Cellos** oder:
die **Celli**

der **Cent**
die **Cents**

das **Chamäleon**
die **Chamäleons**

das **Chaos**

der **Chor**
die **Chöre**

ciao

circa

clever

24

C c

der **Clown**
die **Clowns**

die **Cola**
die **Colas**

der **Computer**
die **Computer**

cool

der **Cousin**
die **Cousins**

die **Cousine**
die **Cousinen**

der **Cowboy**
die **Cowboys**

die **Currywurst**
die **Currywürste**

D

da

dabei

das Dach
die Dächer

der Dachs
die Dachse

der Dackel
die Dackel

dafür

dagegen

daheim

daher

dahin

damals

danach

daneben

danken

dann

daran

darauf

D d

daraus

darin

darüber

darum

darunter

das

dass

dauern

der Daumen
die Daumen

davon

davor

die Decke
die Decken

decken

dein,
deine,
deiner

der Delfin
die Delfine

dem

den

denen

D d

denken

denn

der

derselbe

des

deshalb

deutlich

deutsch

der Dezember

dich

dicht

dick

die

der Dieb
die Diebin
die Diebe
die Diebinnen

dienen

der Dienstag
die Dienstage

diese, dieser, dieses

der Dinosaurier
die Dinosaurier

D d

dir

doch

donnern

der Donnerstag

doppelt

das Dorf
die Dörfer

dort

der Drache
die Drachen

der Drachen
die Drachen

der Draht
die Drähte

drängeln

drängen

draußen

der Dreck

dreckig

drehen

D d

drei

das **Drei**eck
die **Drei**ecke

drei**ß**ig

drin

dro**h**en

dr**ü**ben

dru**ck**en

dr**ü**cken

der **Dschungel**
die **Dschungel**

du

dumm

dun**kel**

dünn

durch

dür**f**en

der **Durst**

durs**tig**

du**sch**en

eben

echt

die **Ecke**
die **Ecken**

eckig

ehe

ehrlich

das **Ei**
die **Eier**

das **Eichhörnchen**
die **Eichhörnchen**

eifrig

eigenartig

eigene, eigener, eigenes

eigentlich

eilen

der **Eimer**
die **Eimer**

ein, eine, einer

Im Freizeitpark

E e

einander

der Einbrecher
die Einbrecherin
die Einbrecher
die Einbrecherinnen

einfach

einig

einige

einkaufen

einladen

die Einladung
die Einladungen

einmal

eins

einsam

einverstanden

einzeln

einzig, einzige

das Eis

der Eisbär
die Eisbären

der Elefant
die Elefanten

E e

elf

die El**tern**

emp**fa**ngen

das En**de**
die En**den**

end**lich**

eng

ent**de**cken

die En**te**
die En**ten**

ent**fer**nen

ent**ge**gen

ent**geg**nen

ent**lang**

ent**schei**den

ent**schul**digen

ent**ste**hen

ent**we**der … **o**der

er

die Er**de**

E e

erfinden

ergänzen

erinnern

erkennen

erklären

erlauben

erleben

ernähren

ernst

die Ernte

ernten

erschrecken

erst

erstaunt

erste, erster, erstes

erwidern

erzählen

es

der Esel
die Esel

E e

das **Essen**

essen

etwa

etwas

euch

euer, eure

die **Eule**
die **Eulen**

der **Euro**
die **Euros**

ewig

das **Experiment**
die **Experimente**

die **Explosion**
die **Explosionen**

extra

F

die Fahne
die Fahnen

fahren

das Fahrrad
die Fahrräder

fallen

falls

falsch

falten

die Familie
die Familien

fangen

fantastisch

die Farbe
die Farben

fassen

fast

faul

der Februar

F f

die **Fe**d**er**
die **Fe**d**ern**

die **Fee**
die **Fe**e**n**

fehl**en**

der **Fehler**
die **Fehler**
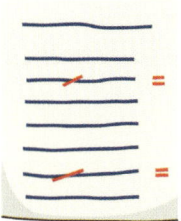

die **Feier**
die **Feiern**

feiern

feige

fein

das **Feld**
die **Fel**d**er**

das **Fell**
die **Fel**l**e**

das **Fens**t**er**
die **Fens**t**er**

die **Fer**i**en**

fern

ferns**ehen**

F f

der **Fernseher**
die **Fernseher**

fertig

fest

das **Fest**
die **Feste**

feucht

das **Feuer**
die **Feuer**

die **Feuerwehr**

finden

der **Finger**
die **Finger**

finster

der **Fisch**
die **Fische**

fix

flach

die **Flasche**
die **Flaschen**

flattern

F f

das **Fleisch**

fleißig

fliegen

fliehen

fließen

flitzen

das **Floß**
die **Flöße**

der **Flügel**
die **Flügel**

das **Flugzeug**
die **Flugzeuge**

der **Fluss**
die **Flüsse**

flüssig

flüstern

folgen

fort

das **Foto**
die **Fotos**

fragen

Auf dem Fußballplatz

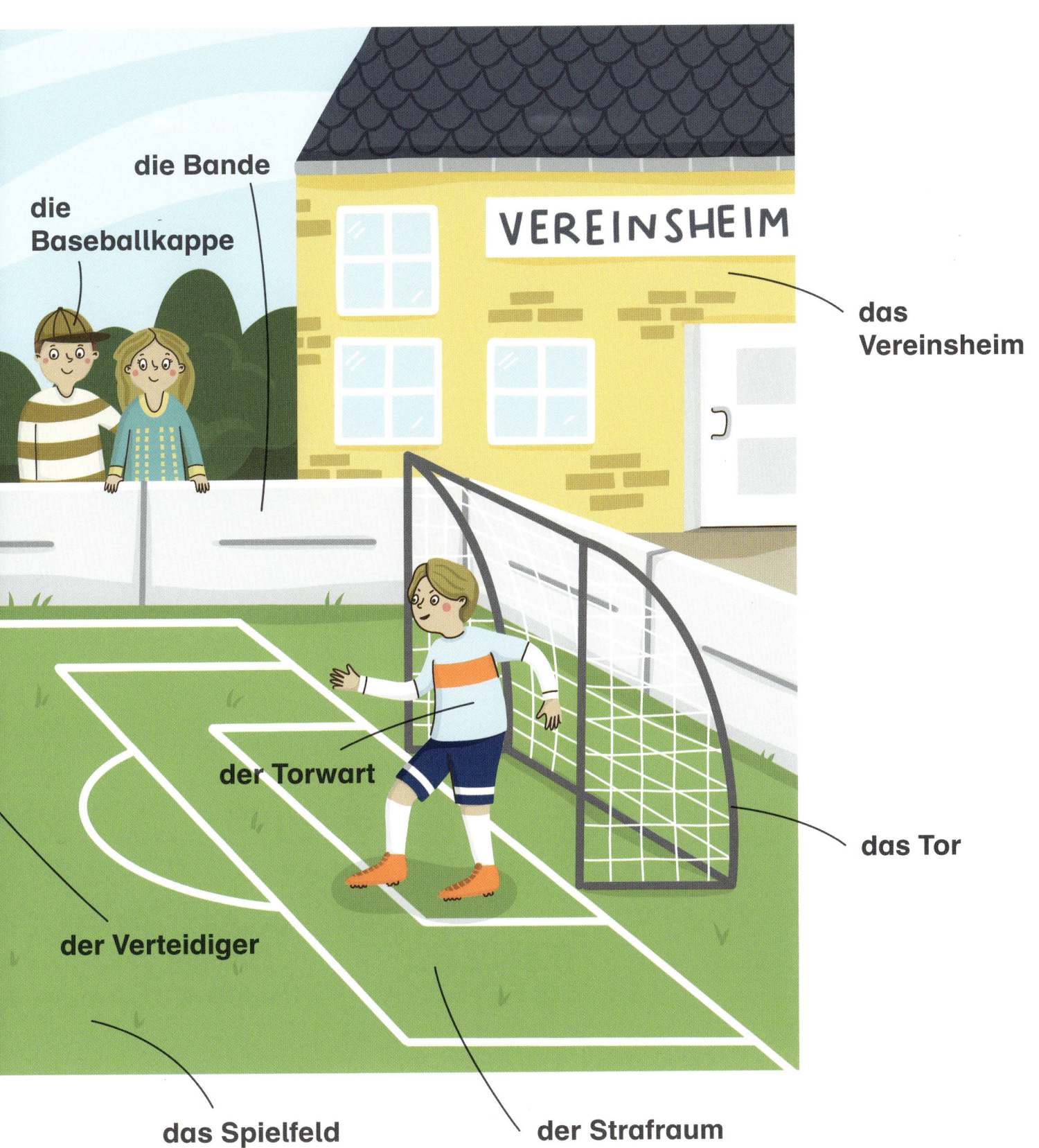

F f

die **Frau**
die **Frau**en

frech

frei

der **Frei**tag

fremd

fre**ss**en

die **Freu**de

freu**en**

der **Freund**
die **Freund**e

die **Freund**in
die **Freund**innen

freundlich

der **Frie**den

friedlich

frie**ren**

frisch

froh

44

F f

fröhlich

der Frosch
die Frösche

früh

früher

der Frühling

der Fuchs
die Füchse

fühlen

führen

füllen

fünf

fünfzig

für

fürchten

der Fuß
die Füße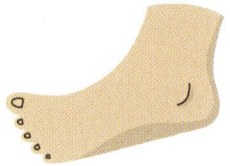

füttern

G

die **Gabel**
die **Gabeln**

die **Gans**
die **Gänse**

ganz

ganze,
ganzer,
ganzes

gar

gar nichts

der **Garten**
die **Gärten**

geben

geboren

der **Geburtstag**
die **Geburtstage**

geduldig

gefährlich

gefallen

gefrieren

gegen

G g

gegenüber

geheim

das **Geheimnis**
die **Geheimnisse**

gehen

gehören

geizig

gelb

das **Geld**
die **Gelder**

gelingen

gemein

gemeinsam

das **Gemüse**

gemütlich

genau

genug

genügend

gerade

geradeaus

gerecht

G g

gern, gerne

geschehen

das Geschenk
die Geschenke

die Geschichte
die Geschichten

das Gesicht
die Gesichter

gespannt

das Gespenst
die Gespenster

gestern

gesund

gewinnen

das Gewitter

gießen

giftig

die Giraffe
die Giraffen

die Gitarre
die Gitarren

G g

glänzen

das Glas
die Gläser

glatt

glauben

gleich

gleichzeitig

das Glück

glücklich

glühen

das Gold

golden

graben

das Gras
die Gräser

gratulieren

grau

greifen

grinsen

groß

G g

grün

grüßen

gucken

die **Gurke**
die **Gurken**

gut

H

das Haar
die Haare

haben

der Hahn
die Hähne

halb, halbe, halber

der Hals
die Hälse

halten

der Hammer
die Hämmer

die Hand
die Hände

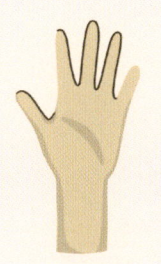

das Handy
die Handys

hängen

hart

der Hase
die Hasen

hassen

Das Jahr

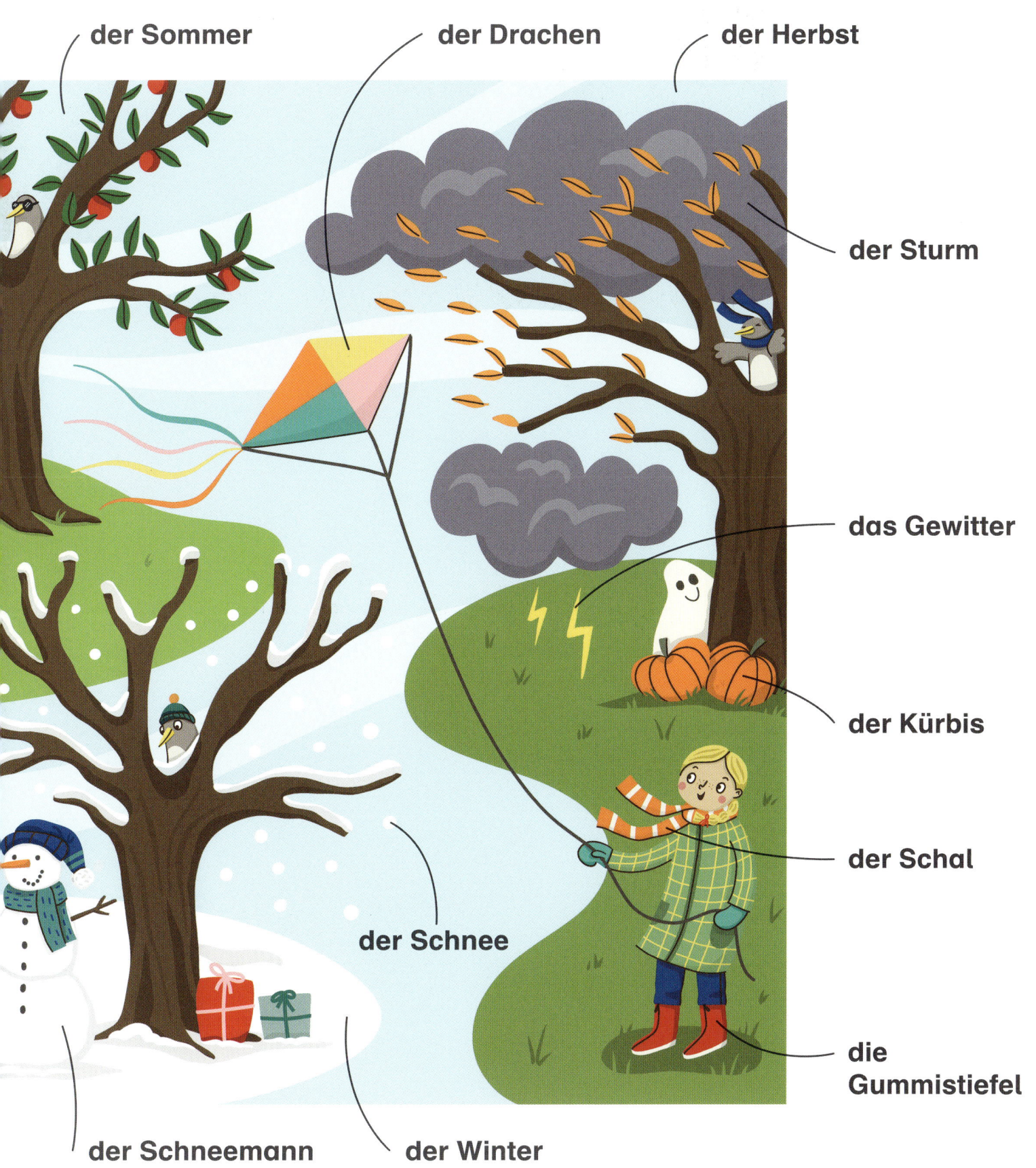

H h

hässlich

häufig

das Haus
die Häuser

die Haut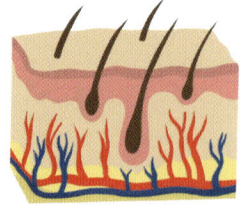

heben

das Heft
die Hefte

heiß

heißen

heizen

die Heizung
die Heizungen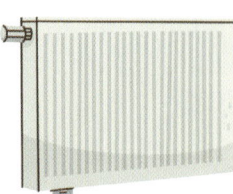

helfen

hell

das Hemd
die Hemden

her

herab

herauf

heraus

H h

der **Herbst**

h**er**ein

der **Herr**
die **Herr**en

herrlich

h**er**um

h**er**unter

h**er**vor

das **Herz**
die **Herz**en

heu**l**en

heu**t**e

die **Hex**e
die **Hex**en

hier

die **Hil**fe

die **Him**beere
die **Him**beeren

der **Himmel**

H h

hin

hinab

hinauf

hinaus

hinein

hinten

hinter

hoch

hocken

hoffen

hoffentlich

hohe

hohl

die Höhle
die Höhlen

holen

das Holz
die Hölzer

hopsen

hören

die Hose
die Hosen

H h

hübsch

der **Hubschrauber**
die **Hubschrauber**

humpeln

der **Hund**
die **Hunde**

hundert

hungrig

hüpfen

der **Husten**

husten

der **Hut**
die **Hüte**

I

ich

die **Idee**
die **Ideen**

der **Igel**
die **Igel**

igitt

das **Iglu**
die **Iglus**

ihm

ihn

ihnen

ihr

ihre

im

die **Imbissbude**
die **Imbissbuden**

immer

impfen

die **Impfung**
die **Impfungen**

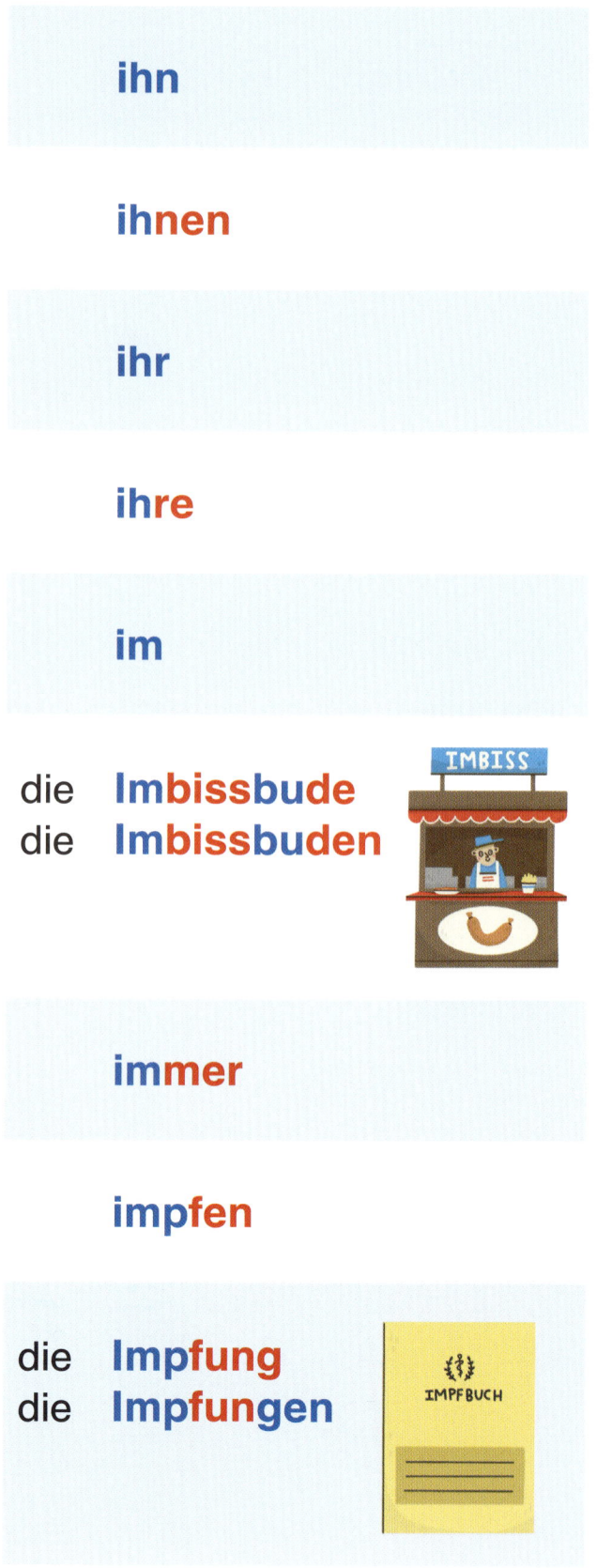

I i

in

der **Indianer**
die **Indianerin**
die **Indianer**
die **Indianerinnen**

ineinander

informieren

innen

ins

das **Insekt**
die **Insekten**

die **Insel**
die **Inseln**

insgesamt

das **Instrument**
die **Instrumente**

interessant

das **Internet**

inzwischen

irgendwie

irgendwo

irren

ist

Im Meer

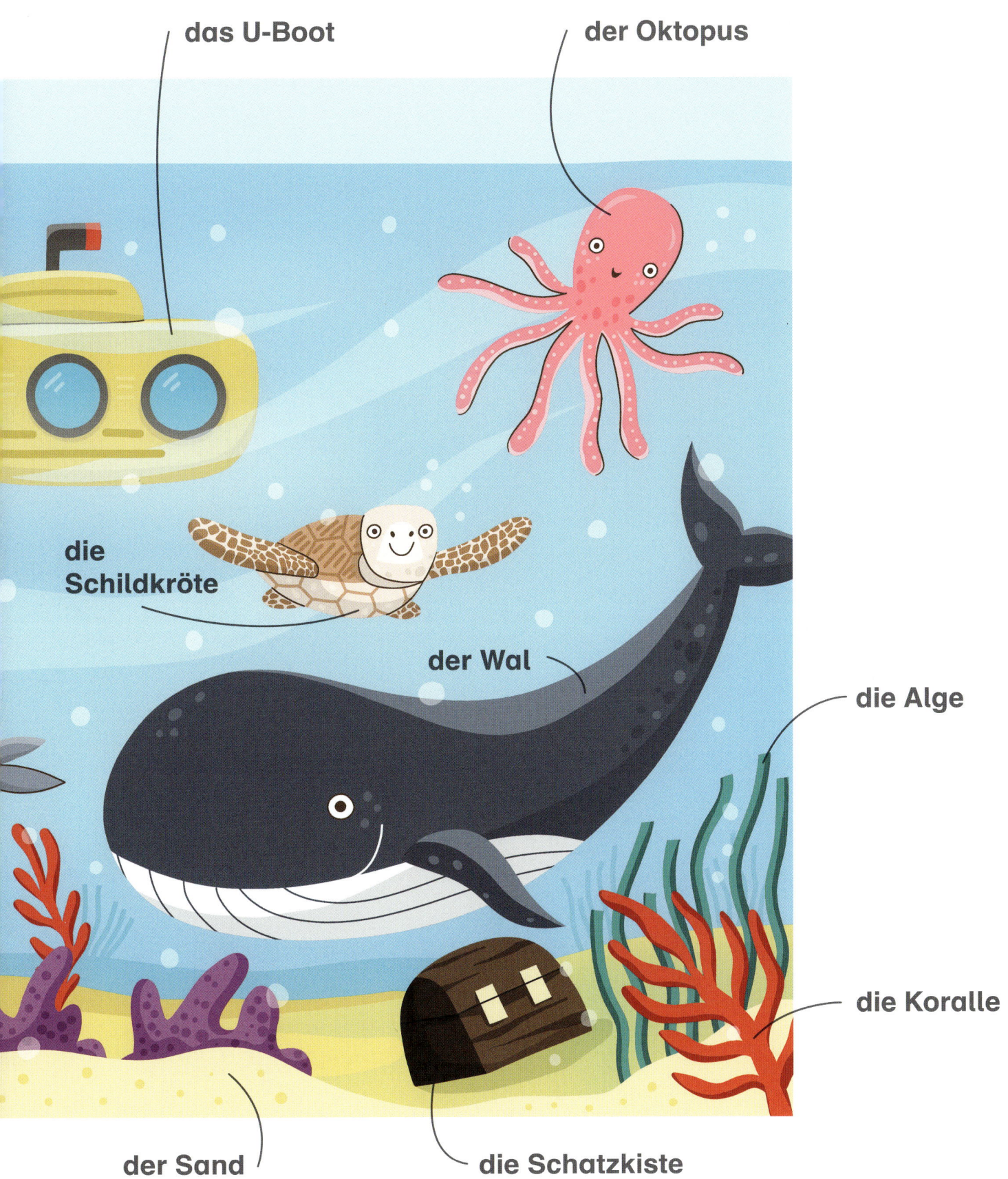

J

ja

die **Jacke**
die **Jacken**

jagen

der **Jäger**
die **Jägerin**
die **Jäger**
die **Jägerinnen**

der **Jaguar**
die **Jaguare**

das **Jahr**
die **Jahre**

jammern

der **Januar**

japsen

jaulen

je

die **Jeans**
die **Jeans**

jede, jeder, jedes

J j

jedenfalls

jedoch

jemals

jemand

jetzt

jeweils

joggen

der Joghurt
die Joghurts

das Jo-Jo
die Jo-Jos

jonglieren

jubeln

jucken

der Juli

jung

der Junge
die Jungen

der Juni

K

der **Käfer**
die **Käfer**

der **Kaffee**
die **Kaffees**

der **Käfig**
die **Käfige**

kahl

der **Kaktus**
die **Kakteen**

der **Kalender**
die **Kalender**

kalt

kämpfen

kaputt

die **Karotte**
die **Karotten**

die **Karte**
die **Karten**

die **Kartoffel**
die **Kartoffeln**

K k

der **Käse**
die **Käse**

die **Kasse**
die **Kassen**

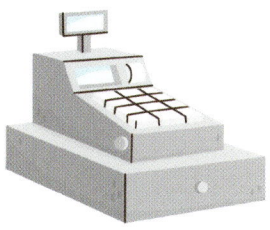

der **Kasten**
die **Kästen**

die **Katze**
die **Katzen**

kauen

kaufen

kaum

**kein,
keine,
keiner**

der **Keks**
die **Kekse**

der **Keller**
die **Keller**

kennen

die **Kerze**
die **Kerzen**

die **Kette**
die **Ketten**

K k

das **Kind**
die **Kinder**

das **Kinn**
die **Kinne**

kippen

die **Kirche**
die **Kirchen**

die **Kirsche**
die **Kirschen**

das **Kissen**
die **Kissen**

die **Kiste**
die **Kisten**

kitzeln

klappen

klar

die **Klasse**
die **Klassen**

klatschen

kleben

der **Klebstoff**
die **Klebstoffe**

K k

das **Kleid** die **Kleider**	

klein

klettern

die **Klingel** die **Klingeln**	

klopfen

klug

knabbern

das **Knie** die **Knie**	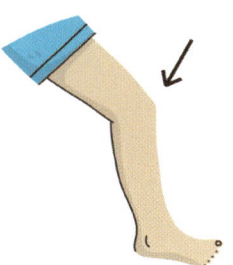

der **Knochen** die **Knochen**	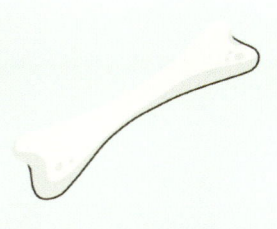

der **Knopf** die **Knöpfe**	

kochen

der **Koffer** die **Koffer**	

komisch

kommen

der **Kompass** die **Kompasse**	

67

Auf Safari

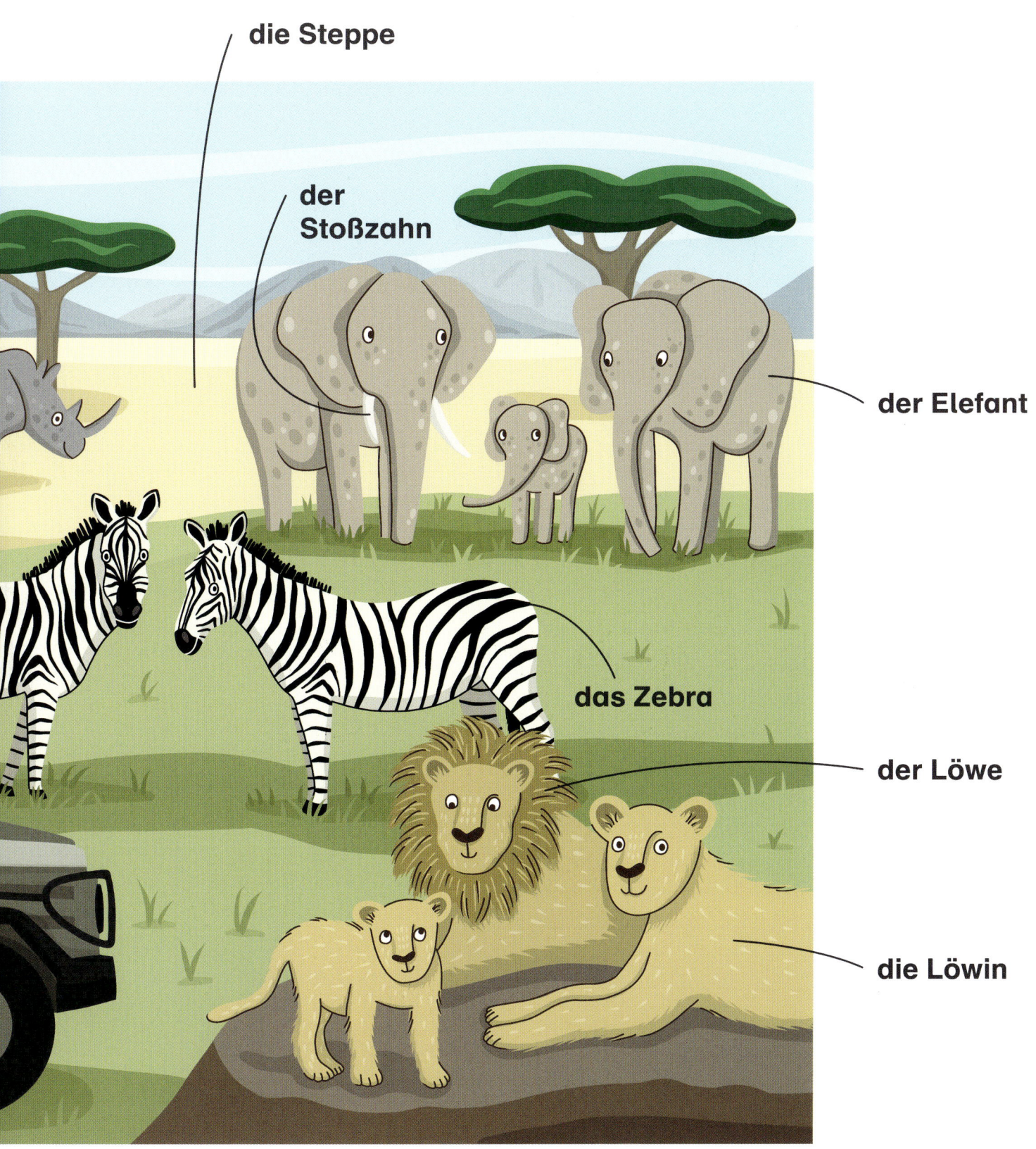

K k

der **Kö**nig
die **Kö**nigin
die **Kö**nige
die **Kö**nigin**nen**

könn**en**

der **Kopf**
die **Köpfe**

der **Korb**
die **Kör**b**e**

der **Körper**
die **Körper**

kost**en**

krabb**eln**

kräft**ig**

der **Kran**
die **Krä**n**e**

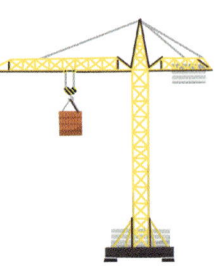

krank

das **Kranken**haus
die **Kranken**häu**ser**

kratz**en**

die **Krei**de
die **Krei**d**en**

der **Kreis**
die **Krei**s**e**

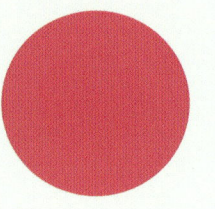

K k

das **Kreuz**
die **Kreuze**

kriechen

kriegen

die **Küche**
die **Küchen**

der **Kuchen**
die **Kuchen**

die **Kuh**
die **Kühe**

kühl

der **Kühlschrank**
die **Kühlschränke**

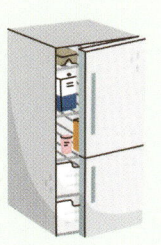

kurz

kuscheln

der **Kuss**
die **Küsse**

küssen

L

das **Labyrinth**
die **Labyrinthe**

das **Lächeln**

lächeln

lachen

lahm

die **Lampe**
die **Lampen**

das **Land**
die **Länder**

landen

lang, lange

langsam

langweilig

der **Lärm**

lassen

das **Laub**

L l

laufen

lauschen

laut

leben

lebendig

lecken

lecker

leer

legen

der Lehrer
die Lehrerin
die Lehrer
die Lehrerinnen

leicht

leiden

leider

leidtun

leihen

leise

die Leiter
die Leitern

lernen

lesen

leuchten

L l

die **Leute**

das **Lexikon**
die **Lexika**

das **Licht**
die **Lichter**

lieb

lieben

das **Lied**
die **Lieder**

liegen

die **Limonade**

das **Lineal**
die **Lineale**

die **Linie**
die **Linien**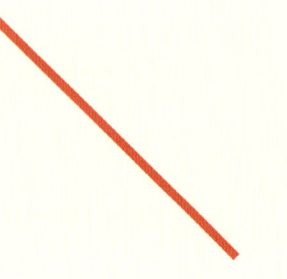

links

die **Lippe**
die **Lippen**

der **Liter**
die **Liter**

L l

das **L**o**ch** die **L**ö**cher**	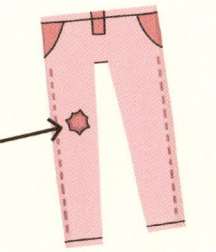	

locker

der **L**ö**ffel** die **L**ö**ffel**	

logisch

los

lö**schen**

lö**sen**

der **L**ö**we** die **L**ö**wen**	

die **L**ü**cke** die **L**ü**cken**	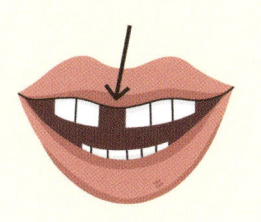

die **Luft** die **Lüfte**	

lü**gen**

die **Lupe** die **Lupen**	

lus**tig**

In der Schule

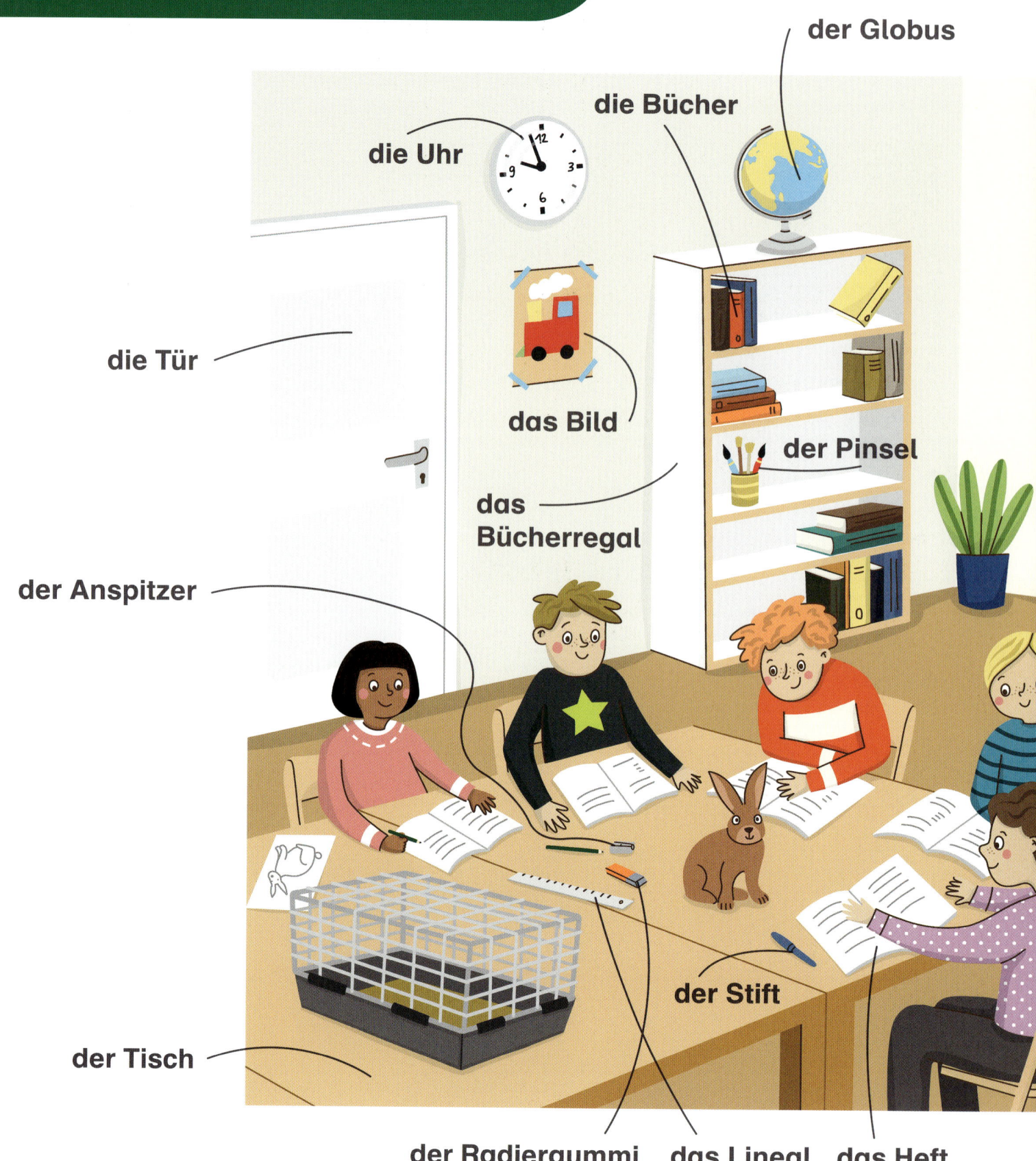

M

machen

mächtig

das Mädchen
die Mädchen

magnetisch

mähen

mahlen

die Mähne
die Mähnen

mahnen

der Mai

mal

malen

die Mama
die Mamas

man

manchmal

der Mann
die Männer

M m

der **Mantel**
die **Mäntel**

markieren

der **Markt**
die **Märkte**

der **März**

die **Maschine**
die **Maschinen**

die **Mauer**
die **Mauern**

die **Maus**
die **Mäuse**

das **Meer**
die **Meere**

das **Mehl**

mehr

mehrere

mein, meine, meiner

meinen

79

M m

melden

die **Melone**
die **Melonen**

der **Mensch**
die **Menschen**

merken

messen

das **Messer**
die **Messer**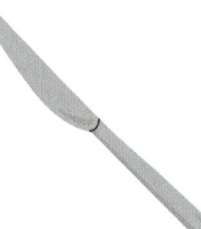

der **Meter**
die **Meter**

mich

die **Milch**

mindestens

minus

die **Minute**
die **Minuten**

mir

mit

miteinander

mitmachen

M m

mittags

die **Mitte**
die **Mitten**

der **Mittwoch**
die **Mittwoche**

mögen

möglich

die **Möhre**
die **Möhren**

der **Monat**
die **Monate**

der **Mond**
die **Monde**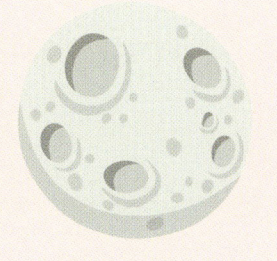

das **Monster**
die **Monster**

der **Montag**
die **Montage**

das **Moos**
die **Moose**

morgen

der **Morgen**

M m

morgens

der **Motor**
die **Motoren**

müde

der **Müll**

der **Mund**
die **Münder**

murmeln

die **Muschel**
die **Muscheln**

die **Musik**
die **Musiken**

müssen

der **Mut**

mutig

die **Mutter**
die **Mütter**

die **Mütze**
die **Mützen**

N

nach

der **Nachbar**
die **Nachbarin**
die **Nachbarn**
die **Nachbarinnen**

nachdem

der **Nachmittag**
die **Nachmittage**

nächste, nächster, nächstes

die **Nacht**
die **Nächte**

nachts

nackt

die **Nadel**
die **Nadeln**

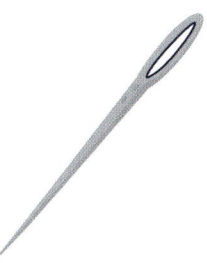

der **Nagel**
die **Nägel**

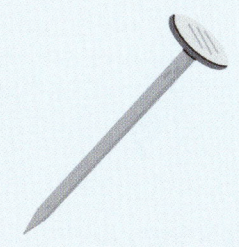

nah

nähen

die **Nahrung**

Im Schwimmbad

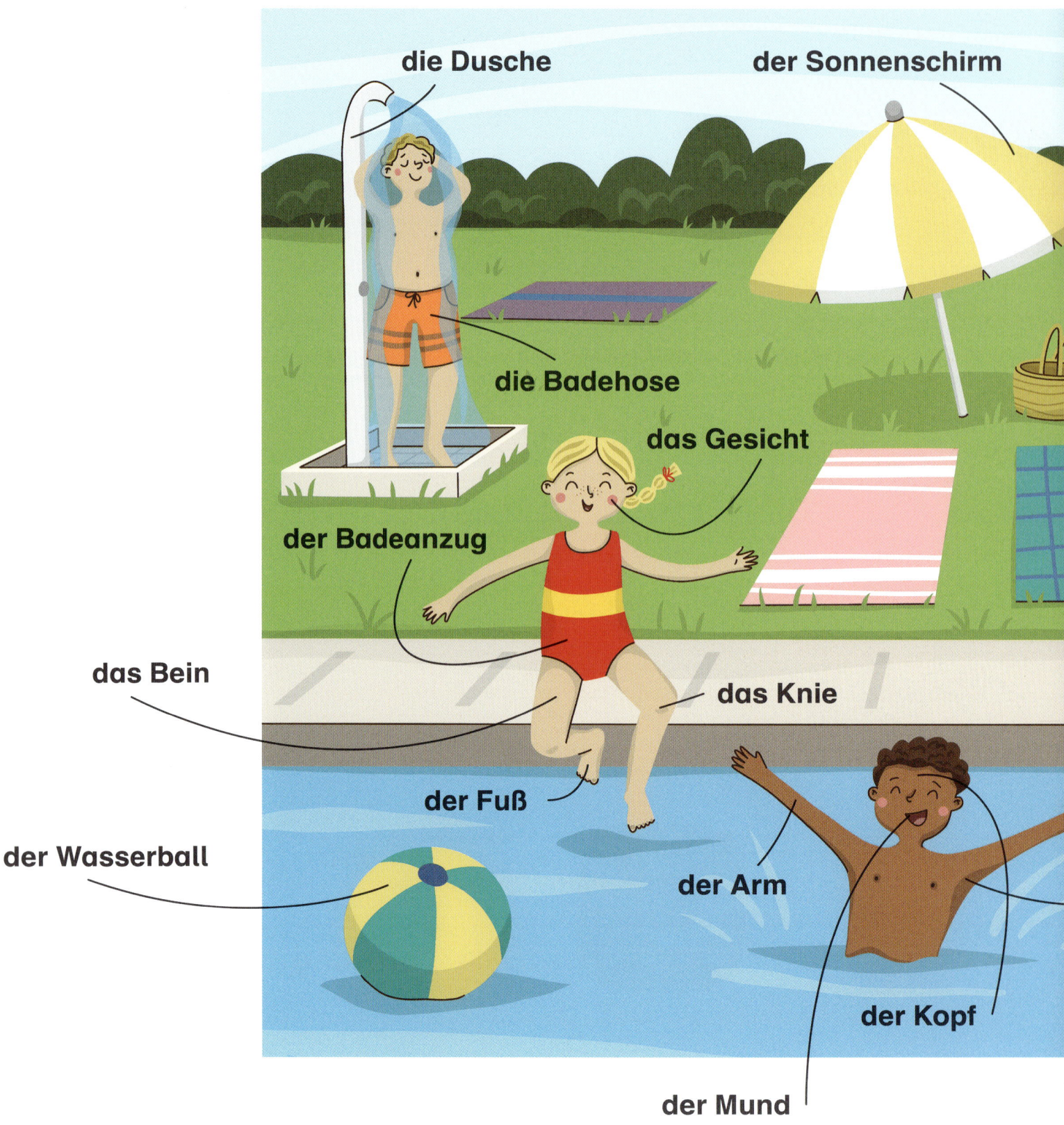

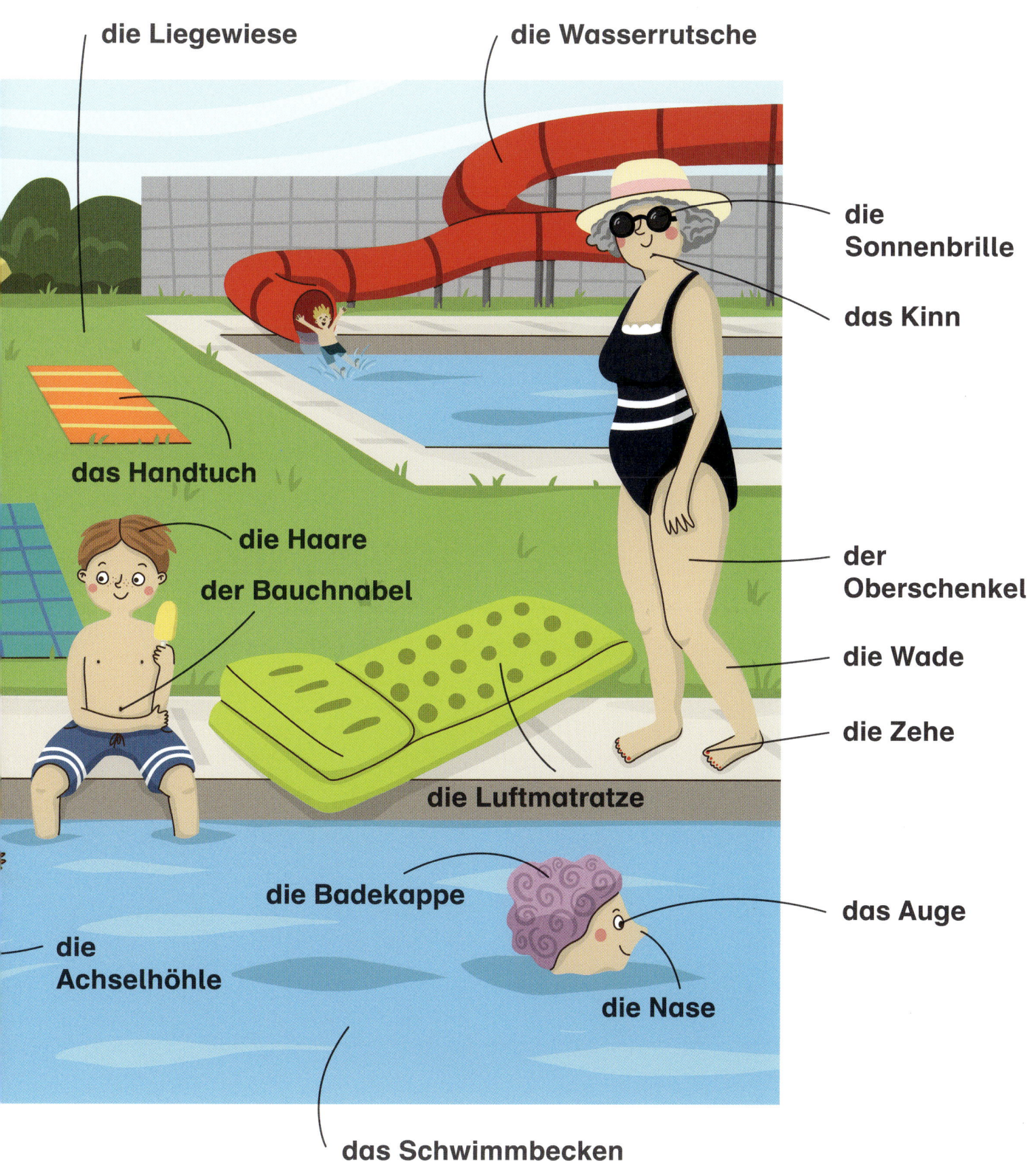

N n

der **Name**
die **Namen**

der **Nebel**

nämlich

neben

die **Nase**
die **Nasen**

nehmen

nein

das **Nashorn**
die **Nashörner**

das **Nest**
die **Nester**

nass

nett

die **Natur**

das **Netz**
die **Netze**

natürlich

neu

86

N n

neun

nicht

nichts

nie

niemals

niemand

der Nikolaus
die Nikoläuse

noch

die Note
die Noten

der November

die Nudel
die Nudeln

die Nummer
die Nummern

nun

nur

die Nuss
die Nüsse

nützlich

O

ob

oben

das **Obst**

oder

der **Ofen**
die **Öfen**

offen

öffnen

oft

ohne

das **Ohr**
die **Ohren**

okay

der **Oktober**

die **Oma**
die **Omas**

der **Onkel**
die **Onkel**

O o

der **Opa**
die **Opas**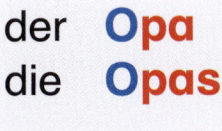

das **Ostern**

orange

die **Orange**
die **Orangen**

ordentlich

ordnen

die **Ordnung**

der **Ort**
die **Orte**

P

paar

das **Paar**
die **Paare**

das **Päckchen**
die **Päckchen**

packen

paddeln

das **Paket**
die **Pakete**

der **Papa**
die **Papas**

der **Papagei**
die **Papageien**

das **Papier**
die **Papiere**

parken

passen

passieren

die **Pause**
die **Pausen**

P p

peinlich

pfeifen

das **Pferd**
die **Pferde**

der **Pfirsich**
die **Pfirsiche**

die **Pflanze**
die **Pflanzen**

pflanzen

pflegen

pflücken

die **Pfote**
die **Pfoten**

die **Pfütze**
die **Pfützen**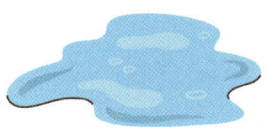

der **Pinguin**
die **Pinguine**

die **Pizza**
die **Pizzen**

planen

der **Planet**
die **Planeten**

P p

planschen

platt

der Platz
die Plätze

platzen

plötzlich

plus

der Polizist
die Polizistin
die Polizisten
die Polizistinnen

die Pommes

das Pony
die Ponys

der Popo
die Popos

die Post

der Preis
die Preise

prima

der Prinz
die Prinzessin
die Prinzen
die Prinzessinnen

P p

probieren

prüfen

der **Pullover**
die **Pullover**

pünktlich

die **Puppe**
die **Puppen**

purzeln

putzen

In der Stadt

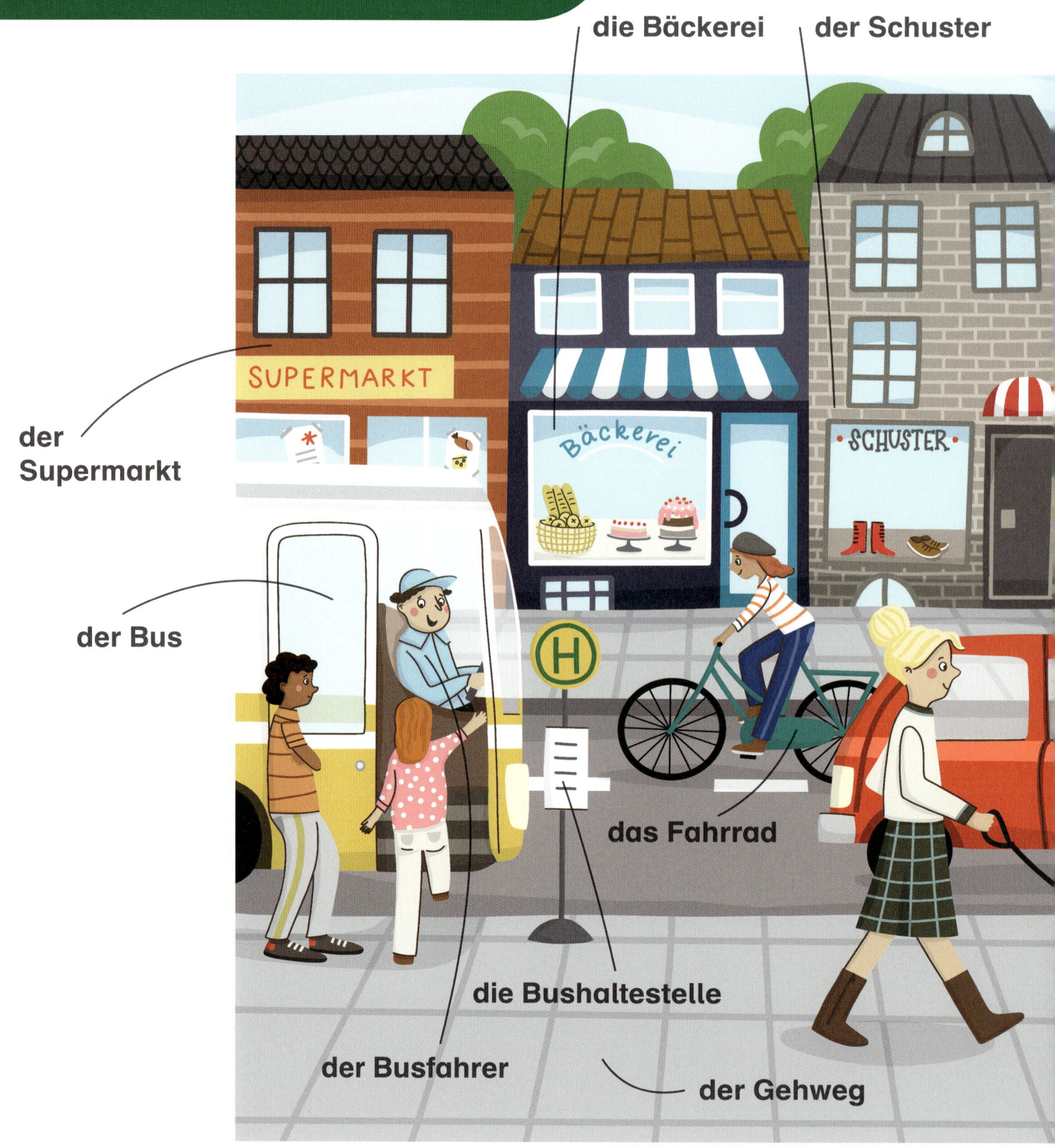

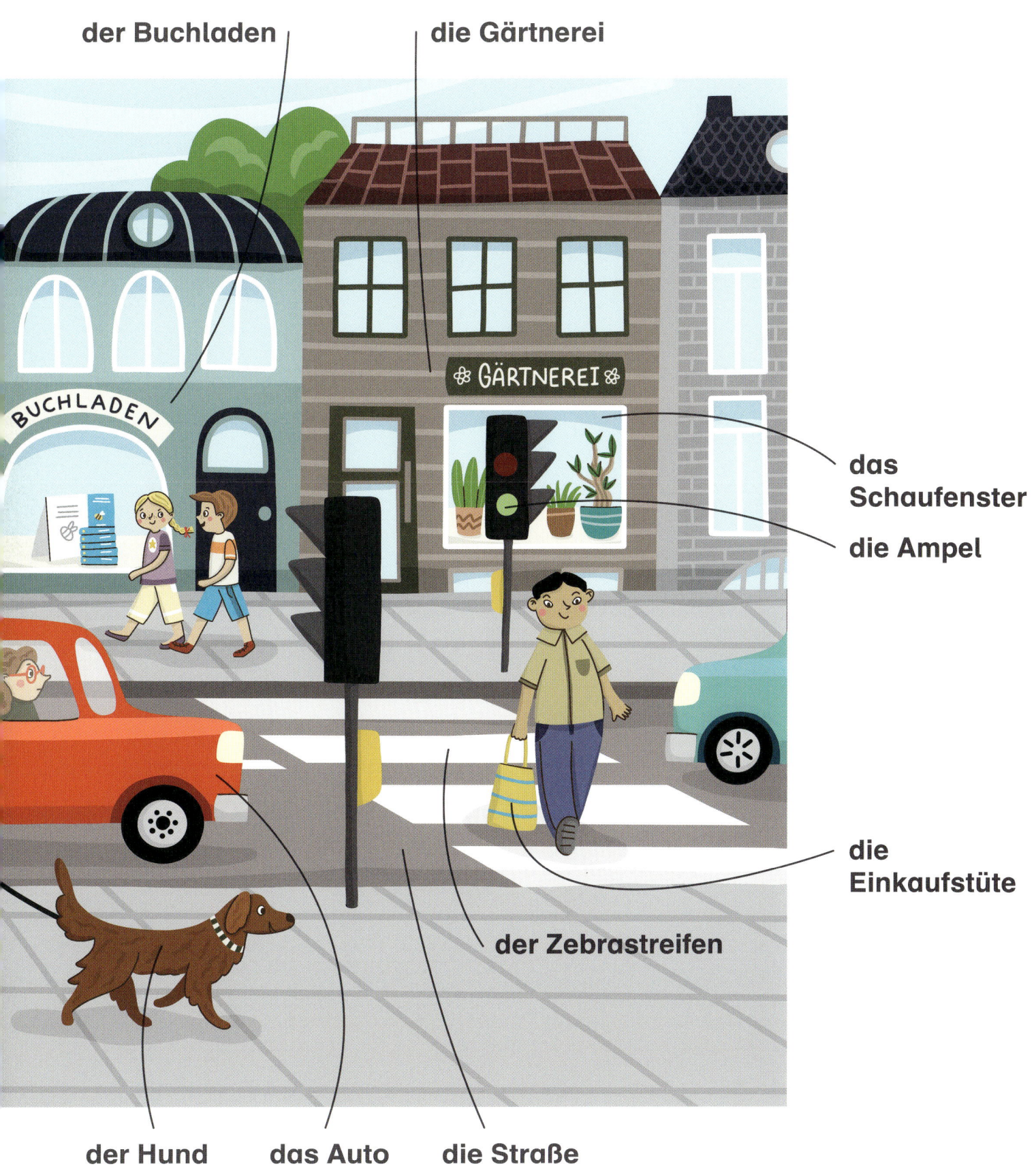

Q

das **Quadrat**
die **Quadrate**

quadratisch

quaken

quälen

die **Qualle**
die **Quallen**

der **Qualm**

qualmen

der **Quark**

quasseln

der **Quatsch**

quatschen

die **Quelle**
die **Quellen**

quengeln

quer

Q q

quetschen

quieken

quietschen

das **Quiz**

R

das **Rad**
die **Räder**

radieren

der **Radiergummi**
die **Radiergummis**

die **Rakete**
die **Raketen**

der **Rand**
die **Ränder**

rasch

rasen

rasseln

raten

das **Rätsel**
die **Rätsel**

rau

rauben

rauchen

der **Raum**
die **Räume**

R r

die **Raupe**
die **Raupen**

rauschen

rechnen

das **Rechteck**
die **Rechtecke**

rechts

rechtzeitig

reden

der **Regen**

der **Regenbogen**
die **Regenbögen**

der **Regenschirm**
die **Regenschirme**

regnen

das **Reh**
die **Rehe**

reiben

reich

reichen

reif

R r

der **Reifen** die **Reifen**	
die **Reihe** die **Reihen**	
die **Reise** die **Reisen**	

reisen

reißen

reiten

rennen

retten

richtig	
riechen	
riesig	
der **Ring** die **Ringe**	
der **Riss** die **Risse**	
der **Ritter** die **Ritter**	
der **Roboter** die **Roboter**	

R r

der **Rock**
die **Röcke**

rodeln

rollen

der **Rollschuh**
die **Rollschuhe**

der **Rollstuhl**
die **Rollstühle**

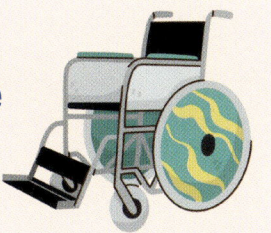

rosa

die **Rose**
die **Rosen**

rostig

rot

rücken

der **Rücken**
die **Rücken**

der **Rucksack**
die **Rucksäcke**

rufen

die **Ruhe**

ruhig

R r

rühren

rund

runter

die **Rutsche**
die **Rutschen**

rutschen

S

der Sack
die Säcke

der Saft
die Säfte

saftig

sagen

der Salat
die Salate

das Salz

salzig

sammeln

der Samstag
die Samstage

der Sand

satt

der Satz
die Sätze

sauber

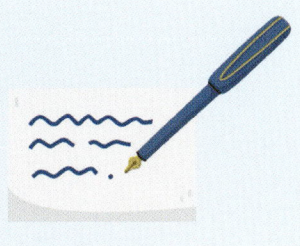

Die Übernachtungsparty

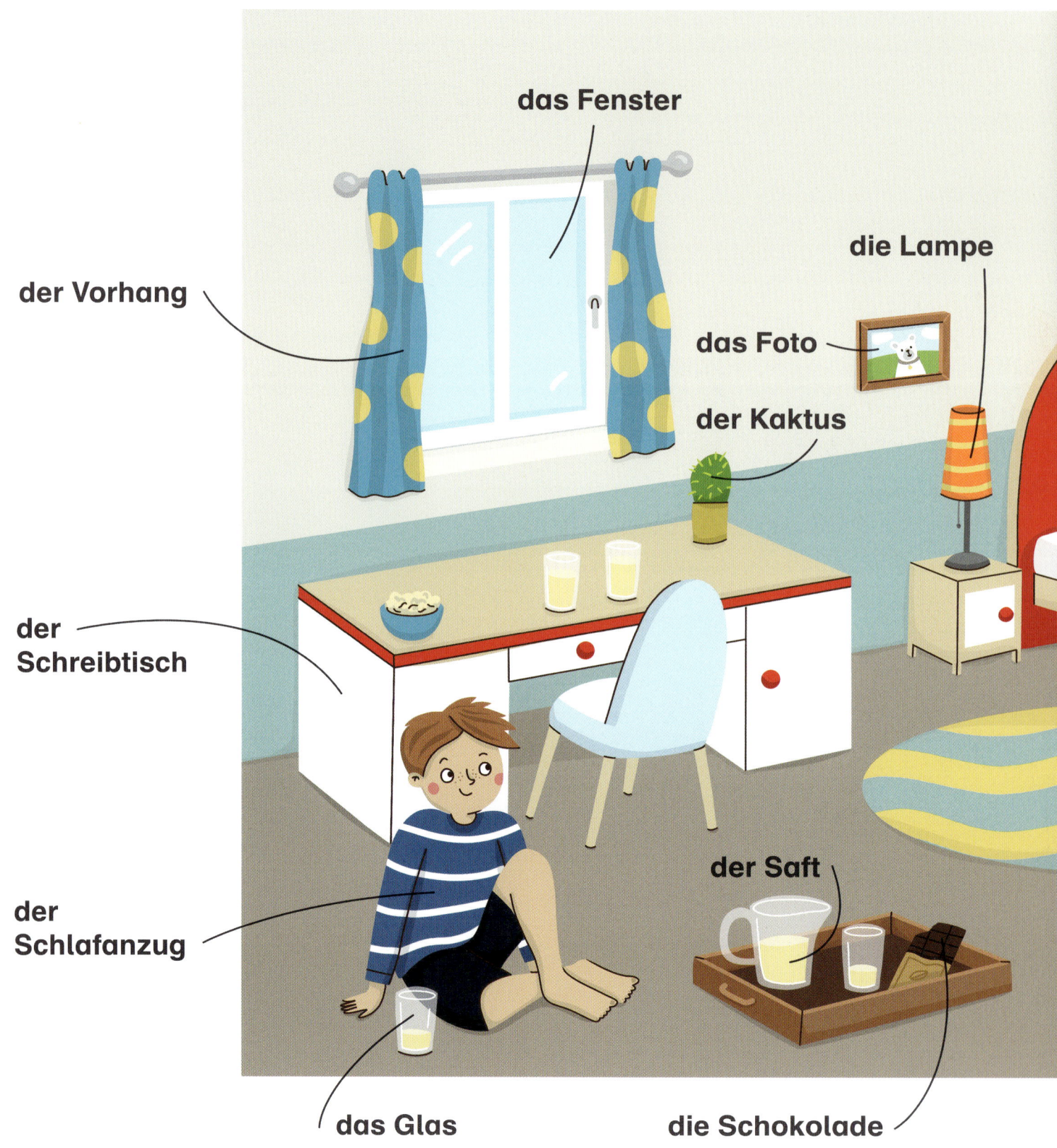

S s

sauer

schade

schaden

das Schaf
die Schafe

schaffen

schalten

schämen

scharf

der Schatten
die Schatten

der Schatz
die Schätze

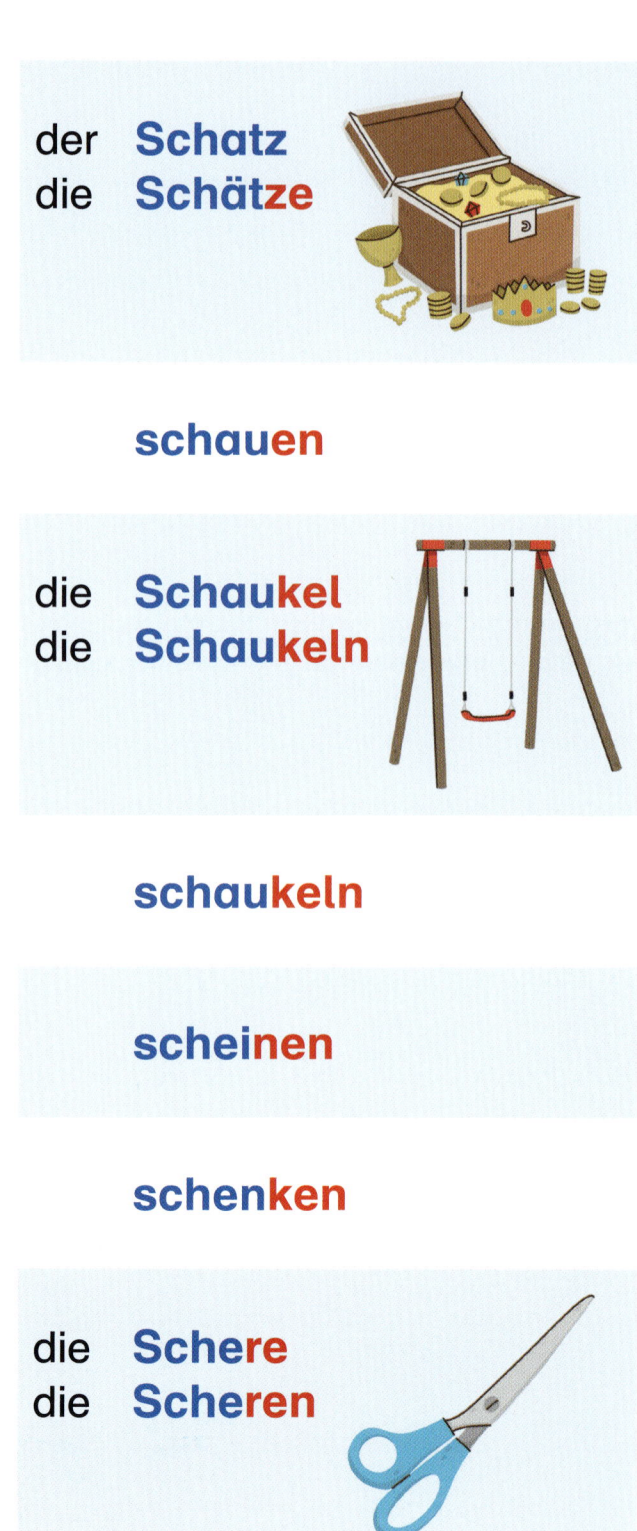

schauen

die Schaukel
die Schaukeln

schaukeln

scheinen

schenken

die Schere
die Scheren

scheuchen

S s

schicken

schieben

schief

schießen

das Schiff
die Schiffe

schimpfen

schlafen

schlagen

die Schlange
die Schlangen

schlau

schlecht

schleichen

die Schleife
die Schleifen

schleppen

schließen

schließlich

schlimm

der Schlitten
die Schlitten

S s

das **Schloss**
die **Schlösser**

das **Schloss**
die **Schlösser**

schlucken

der **Schlüssel**
die **Schlüssel**

schmal

schmecken

schmeißen

schmerzen

der **Schmetterling**
die **Schmetterlinge**

schmücken

schmusen

der **Schmutz**

schmutzig

der **Schnabel**
die **Schnäbel**

die **Schnauze**
die **Schnauzen**

S s

der **Schnee**

schneiden

schneien

schnell

der **Schnupfen**
die **Schnupfen**

die **Schokolade**

schon

schön

der **Schrank**
die **Schränke**

schrecklich

schreiben

schreien

der **Schuh**
die **Schuhe**

die **Schule**
die **Schulen**

der **Schüler**
die **Schülerin**
die **Schüler**
die **Schülerinnen**

S s

die **Schüssel**
die **Schüsseln**

schütteln

schütten

schützen

der **Schwanz**
die **Schwänze**

schwarz

das **Schwein**
die **Schweine**

schwer

die **Schwester**
die **Schwestern**

schwimmen

sechs

sechzig

der **See**
die **Seen**

sehen

sehr

die **Seife**
die **Seifen**

S s

das Seil
die Seile

sein, seine, seiner

seit

die Seite
die Seiten

selber

selbst

selten

seltsam

senden

der September

der Sessel
die Sessel

setzen

sich

sicher

sie

sieben

siebzig

siegen

S s

singen

sinken

sitzen

so

sobald

die **Socke**
die **Socken**

das **Sofa**
die **Sofas**

sofort

sogar

der **Sohn**
die **Söhne**

sollen

der **Sommer**

sondern

die **Sonne**
die **Sonnen**

der **Sonntag**
die **Sonntage**

sorgen

S s

spannend

sparen

der Spaß

spät

spazieren gehen

der Spiegel
die Spiegel

das Spiel
die Spiele

spielen

der Spinat

die Spinne
die Spinnen

spitz

die Spitze
die Spitzen

der Spitzer
die Spitzer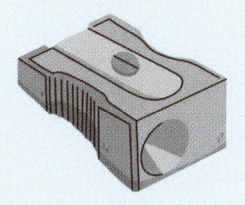

der Sport

Im Urlaub

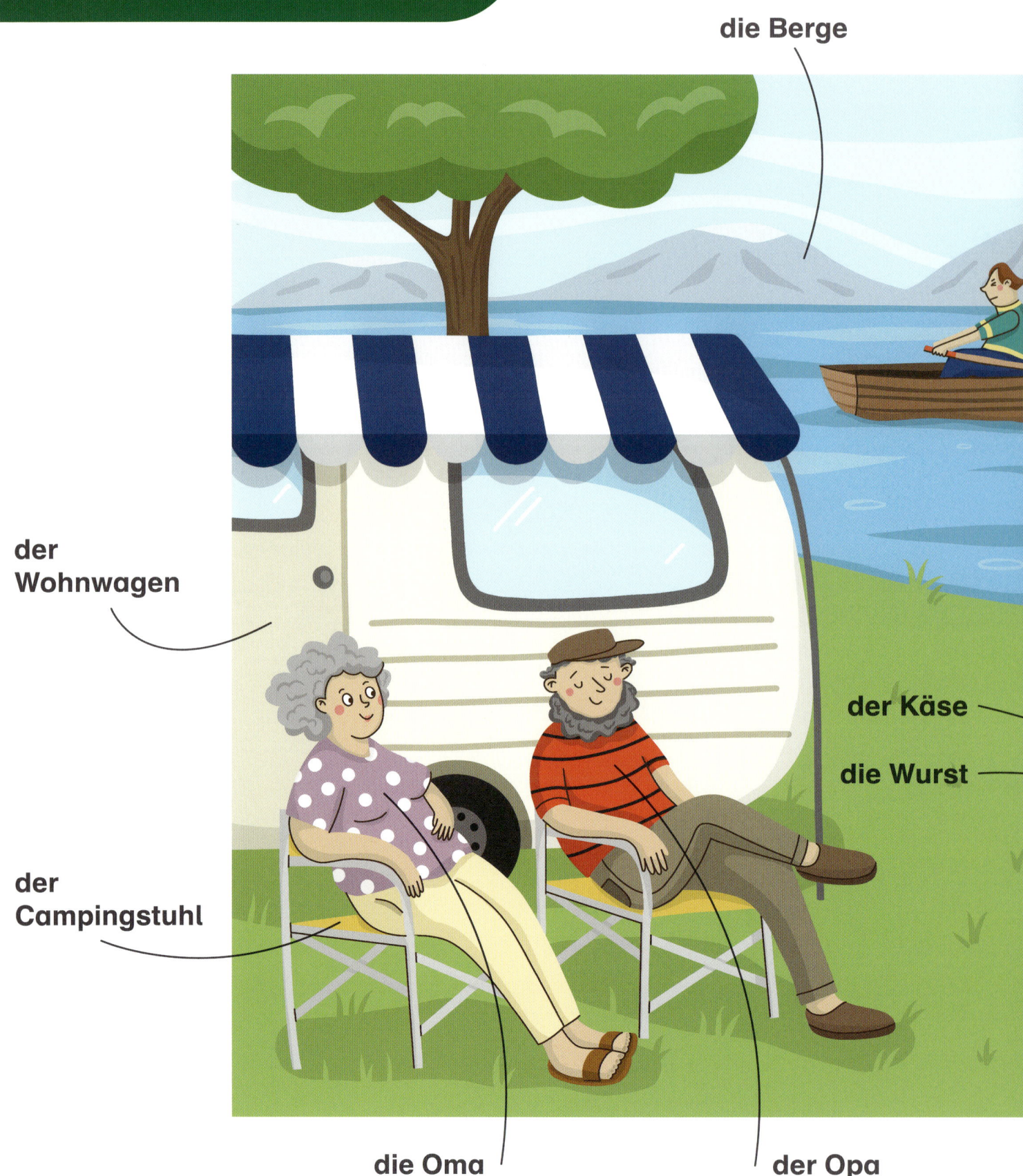

114

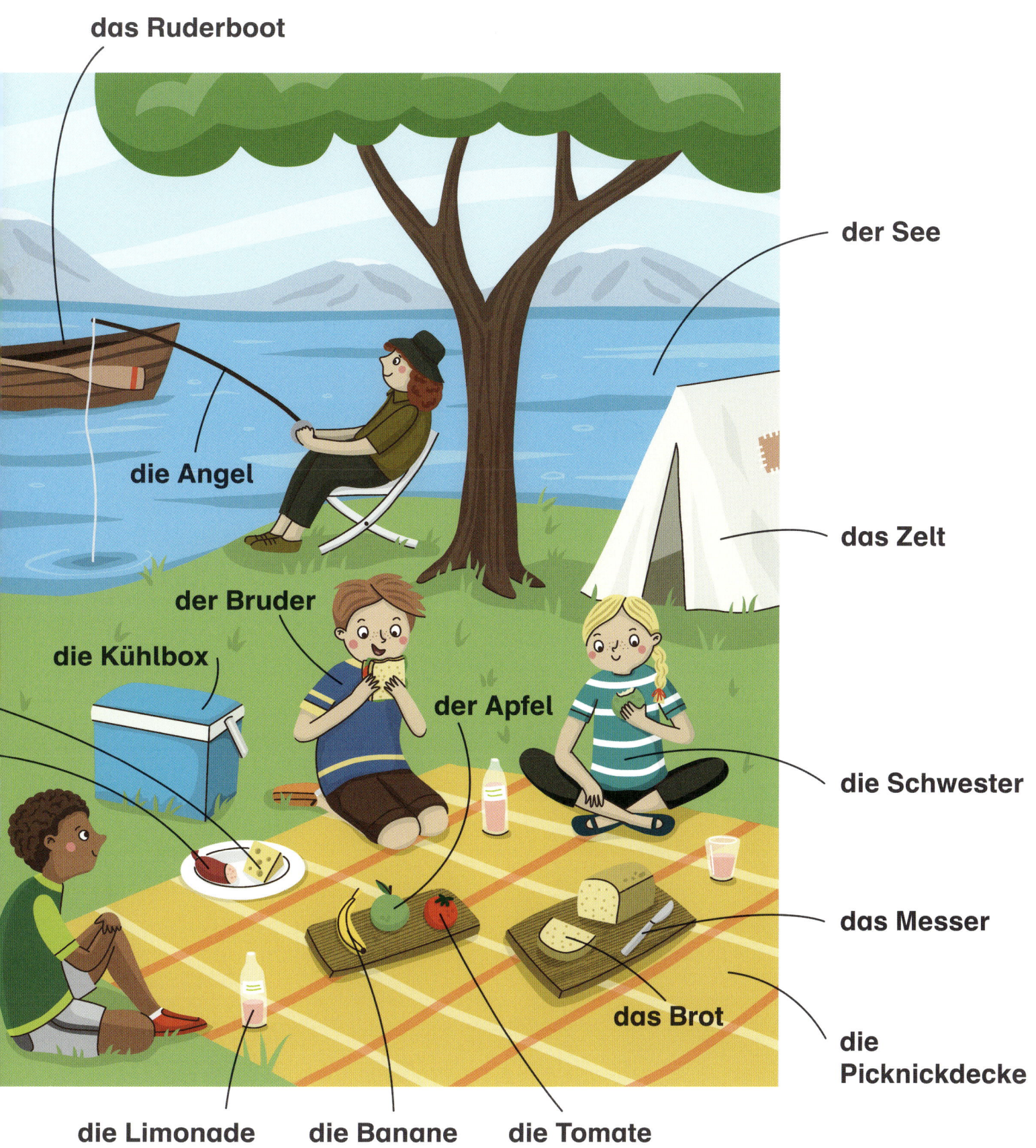

S s

sprechen

springen

spritzen

die **Stadt**
die **Städte**

der **Stall**
die **Ställe**

stecken

stehen

stehlen

steigen

der **Stein**
die **Steine**

stellen

sterben

der **Stern**
die **Sterne**

der **Stift**
die **Stifte**

still

die **Stirn**

S s

der **Stock**
die **Stöcke**

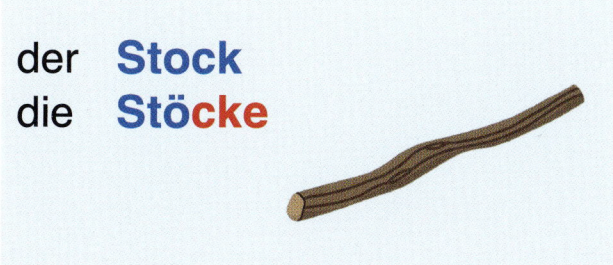

stolz

stoßen

die **Straße**
die **Straßen**

streicheln

streiten

streng

der **Strom**

der **Stuhl**
die **Stühle**

die **Stunde**
die **Stunden**

stürzen

stützen

suchen

super

die **Suppe**
die **Suppen**

süß

T

die **Tafel**
die **Tafeln**

der **Tag**
die **Tage**

täglich

die **Tanne**
die **Tannen**

die **Tante**
die **Tanten**

tanzen

tapfer

die **Tasche**
die **Taschen**

die **Tasse**
die **Tassen**

tatsächlich

taub

tauchen

tauschen

tausend

T t

das **Taxi**
die **Taxis**

der **Teddy**
die **Teddys**

der **Tee**
die **Tees**

teilen

teilweise

das **Telefon**
die **Telefone**

telefonieren

der **Teller**
die **Teller**

der **Teppich**
die **Teppiche**

testen

teuer

das **Theater**
die **Theater**

das **Thermometer**
die **Thermometer**

tief

T t

das **Tier**
die **Tiere**

der **Tiger**
die **Tiger**

der **Tisch**
die **Tische**

toben

die **Tochter**
die **Töchter**

der **Tofu**

toll

die **Tomate**
die **Tomaten**

der **Topf**
die **Töpfe**

das **Tor**
die **Tore**

die **Torte**
die **Torten**

tot

total

T t

tragen

trainieren

das **Training**
die **Trainings**

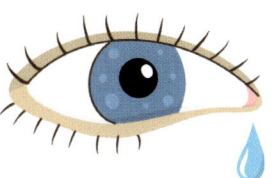

die **Träne**
die **Tränen**

der **Traum**
die **Träume**

träumen

traurig

treffen

trennen

die **Treppe**
die **Treppen**

treten

treu

trinken

trocken

die **Trommel**
die **Trommeln**

der **Tropfen**
die **Tropfen**

T t

trösten

trotzdem

trotzig

tun

die **Tür**
die **Türen**

der **Turm**
die **Türme**

turnen

das **Turnier**
die **Turniere**

tuscheln

die **Tüte**
die **Tüten**

typisch

U

üben

über

überall

überhaupt

überlegen

überqueren

das U-Boot
die U-Boote

übrig

die Übung
die Übungen

das Ufer
die Ufer

die Uhr
die Uhren

der Uhu
die Uhus

um

umziehen

unbedingt

Im Wald

U u

und

der Unfall
die Unfälle

ungefähr

das Unglück

unheimlich

uns,
unser,
unsere

unschuldig

unten

unter

der Unterricht

der Urlaub
die Urlaube

V

die **Vase**
die **Vasen**

der **Vater**
die **Väter**

der **Verkehr**

verbergen

verbieten

verdienen

vergessen

vergleichen

verirren

verkaufen

verletzen

verlieren

verraten

verreisen

verrückt

verspäten

verstecken

V v

verstehen

versuchen

verzeihen

viel, viele

vielleicht

vier

vierzig

der Vogel
die Vögel

das Volk
die Völker

voll

völlig

vom

von

vor

vorbei

vorlesen

vorn, vorne

vorsichtig

der Vulkan
die Vulkane

W

die **Waage**
die **Waagen**

wach

wachsen

wackeln

der **Wagen**
die **Wagen**

wählen

wahr

während

wahrscheinlich

der **Wal**
die **Wale**

der **Wald**
die **Wälder**

die **Wand**
die **Wände**

wandern

wann

war

W w

warm

die Wärme

warnen

warten

warum

was

das Waschbecken
die Waschbecken

die Wäsche

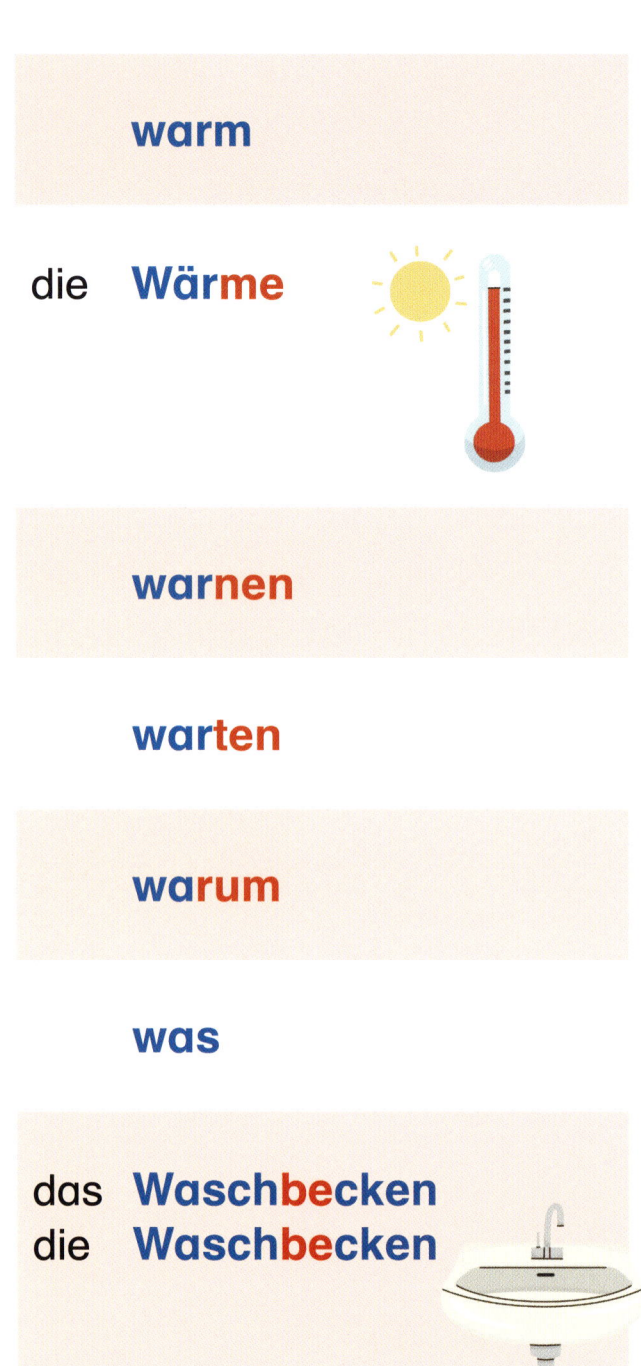

waschen

das Wasser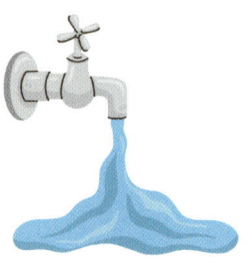

wechseln

wecken

der Wecker
die Wecker

weg

der Weg
die Wege

wegen

W w

weich

das Weihnachten

der Weihnachtsbaum
die Weihnachtsbäume

weil

weinen

weiß

weit, weiter

welche,
welcher,
welches

die Welt
die Welten

wem

wen

wenig

wenigstens

wenn

wer

werden

werfen

weshalb

W w

das **Wetter**

wichtig

wie

wieder

wiederholen

wiegen

die **Wiese**
die **Wiesen**

wieso

wild

der **Wind**
die **Winde**

winken

der **Winter**

wir

wissen

witzig

wo

die **Woche**
die **Wochen**

W w

wohnen

die Wohnung
die Wohnungen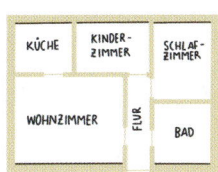

die Wolke
die Wolken

die Wolle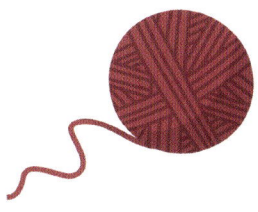

wollen

das Wort
die Wörter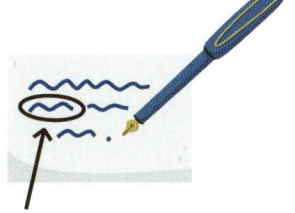

wovon

wünschen

der Würfel
die Würfel

die Wurst
die Würste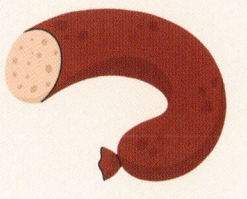

die Wurzel
die Wurzeln

die Wüste
die Wüsten

wütend

Im Weltraum

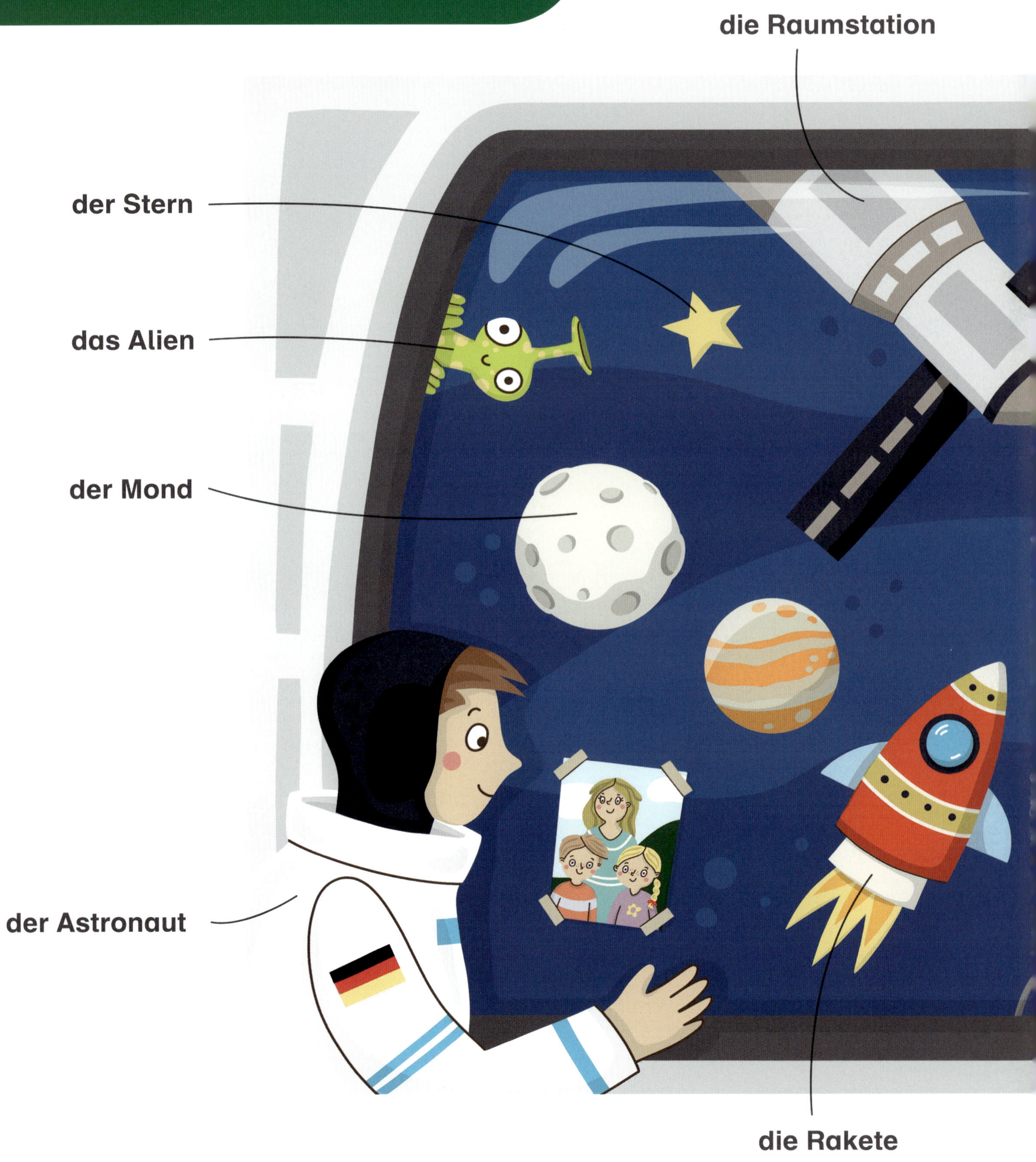

die Raumstation

der Stern

das Alien

der Mond

der Astronaut

die Rakete

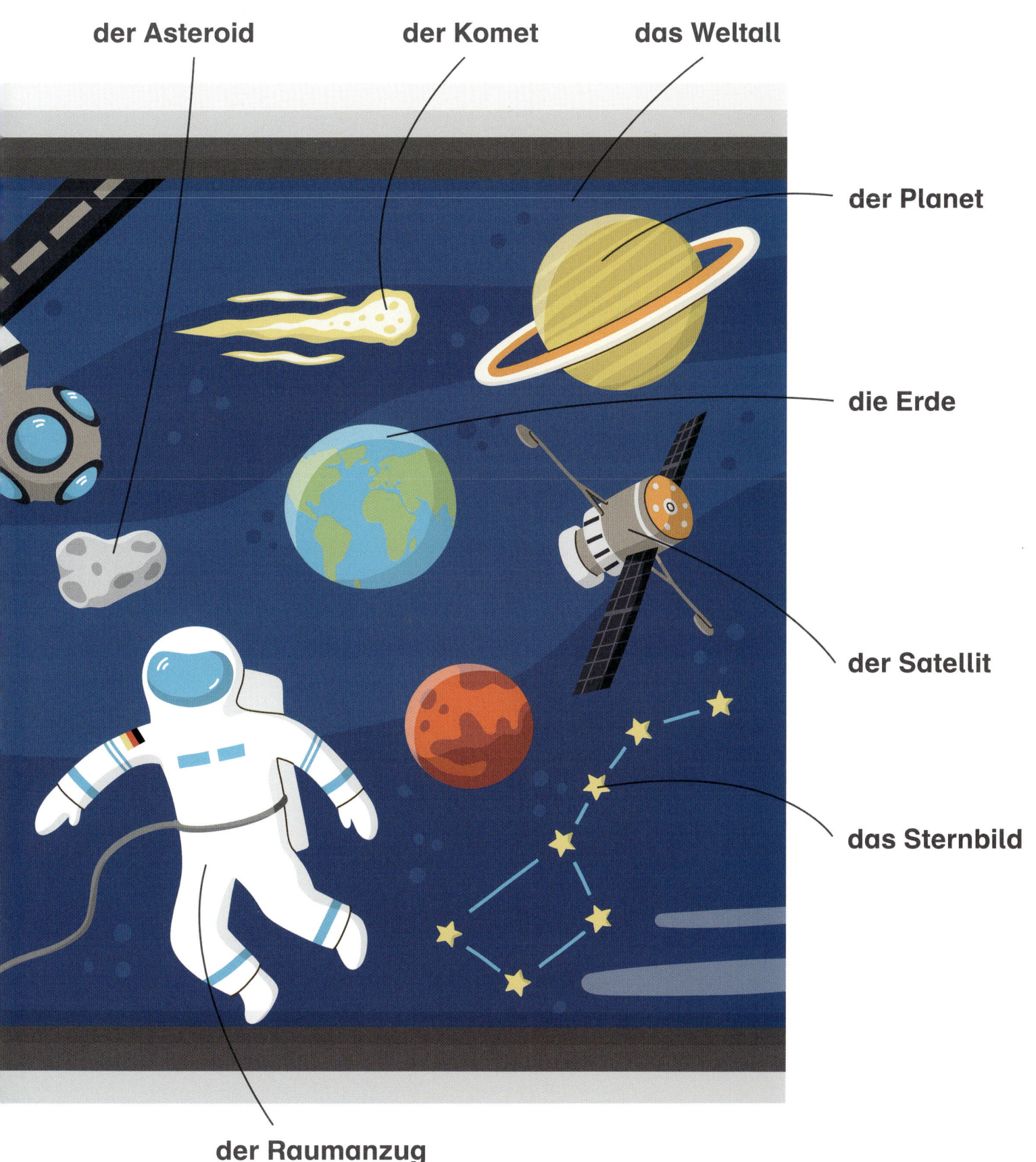

X

der **Xenosaurus**
die **Xenosaurier**

das **Xylofon**
die **Xylofone**

Y

der **Yak**
die **Yaks**

der **Yeti**
die **Yetis**

das **Yoga**

Z

die **Zahl**
die **Zahlen**

zahlen

zählen

der **Zahn**
die **Zähne**

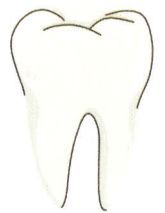

die **Zange**
die **Zangen**

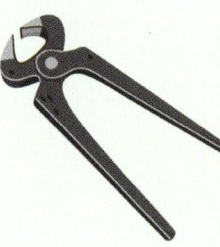

zappeln

der **Zauberer**
die **Zauberer**

zaubern

der **Zaun**
die **Zäune**

das **Zebra**
die **Zebras**

der **Zebrastreifen**
die **Zebrastreifen**

der **Zeh** oder:
die **Zehe**
die **Zehen**

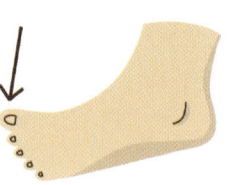

Z z

zehn

zeichnen

zeigen

die Zeit
die Zeiten

die Zeitung
die Zeitungen

das Zelt
die Zelte

zerbrechen

zerreißen

zerren

der Zettel
die Zettel

das Zeugnis
die Zeugnisse

die Ziege
die Ziegen

ziehen

das Ziel
die Ziele

ziemlich

Z z

das **Zimmer**
die **Zimmer**

der **Zirkel**
die **Zirkel**

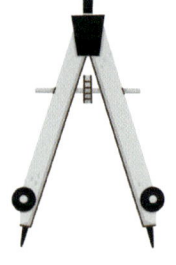

der **Zirkus**
die **Zirkusse**

die **Zitrone**
die **Zitronen**

zittern

der **Zoo**
die **Zoos**

zu, zur, zum

der **Zucchino**
die **Zucchini**

der **Zucker**

zuerst

zufrieden

der **Zug**
die **Züge**

zuhören

zuletzt

Z z

zum

die Zunge
die Zungen

zupfen

zur

zurück

zurufen

zusammen

zwei

der Zweig
die Zweige

die Zwiebel
die Zwiebeln

der Zwilling
die Zwillinge

zwinkern

zwischen

zwölf

der Zylinder
die Zylinder

Im Zoo

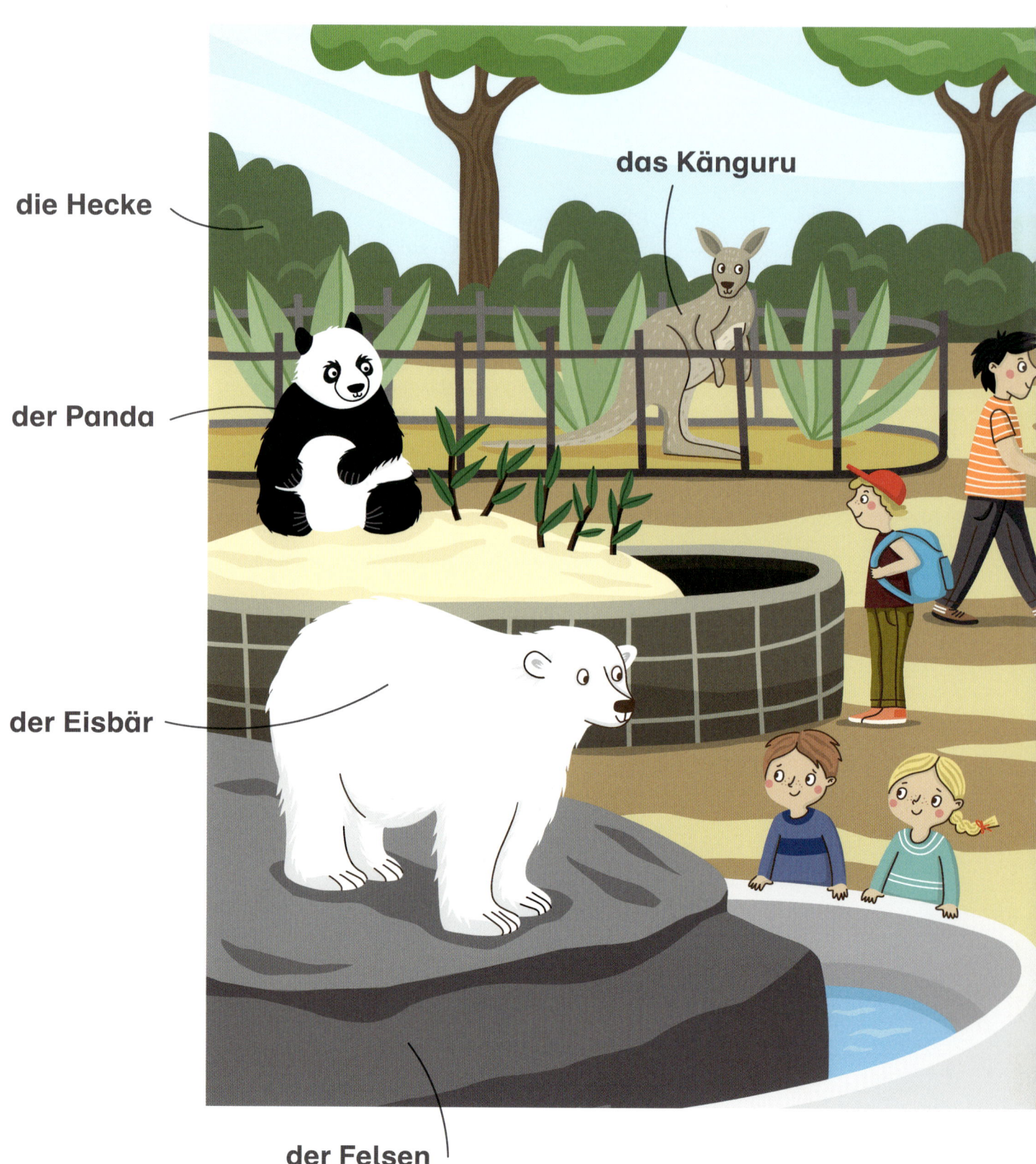

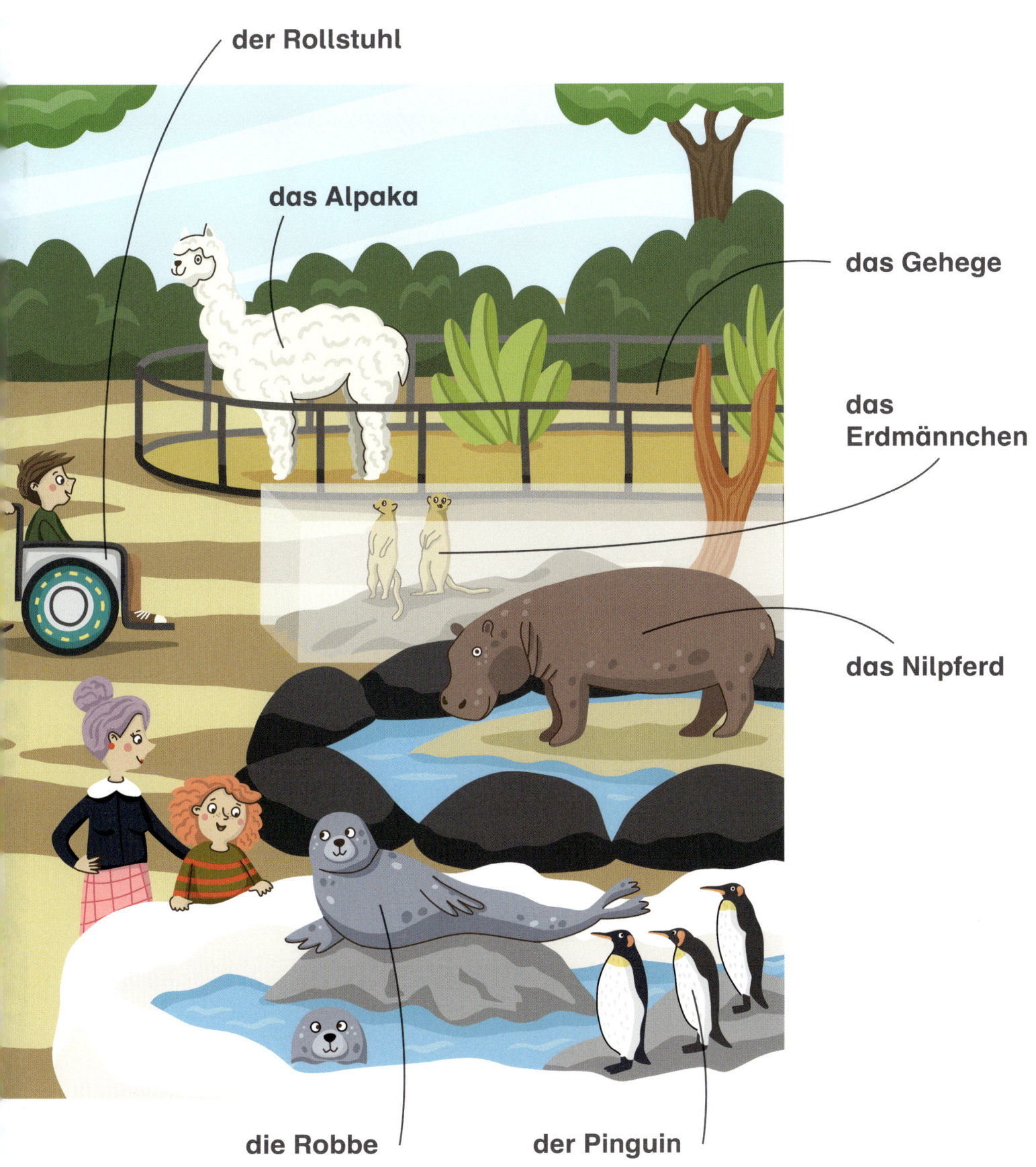

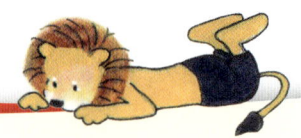

Sandra Kissling studierte Kommunikationsdesign in Stuttgart und war anschließend viele Jahre als selbstständige Grafikdesignerin tätig. Heute lebt und arbeitet sie als freie Illustratorin in Süddeutschland.